新时代智库出版的领跑者

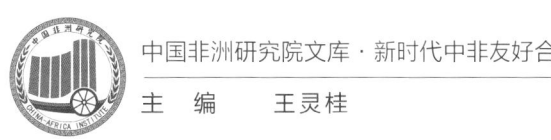

中国非洲研究院文库·新时代中非友好合作

主　编　王灵桂

国家智库报告（2021）
National Think Tank (2021)

中国与尼日利亚友好合作

FRIENDLY COOPERATION BETWEEN
CHINA AND NIGERIA

李文刚　闵方正　郑军　著

中国社会科学出版社

图书在版编目(CIP)数据

中国与尼日利亚友好合作/李文刚,闵方正,郑军著.—北京:中国社会科学出版社,2021.6

(国家智库报告)

ISBN 978-7-5203-8502-2

Ⅰ.①中… Ⅱ.①李…②闵…③郑… Ⅲ.①中外关系—友好往来—尼日利亚 Ⅳ.①D822.243.7

中国版本图书馆 CIP 数据核字(2021)第 098109 号

出版人	赵剑英
项目统筹	王 茵 喻 苗
责任编辑	范晨星 侯聪睿
责任校对	朱妍洁
责任印制	李寡寡

出　　版	中国社会科学出版社
社　　址	北京鼓楼西大街甲 158 号
邮　　编	100720
网　　址	http://www.csspw.cn
发 行 部	010-84083685
门 市 部	010-84029450
经　　销	新华书店及其他书店

印刷装订	北京君升印刷有限公司
版　　次	2021 年 6 月第 1 版
印　　次	2021 年 6 月第 1 次印刷

开　　本	787×1092　1/16
印　　张	9.5
插　　页	2
字　　数	101 千字
定　　价	58.00 元

凡购买中国社会科学出版社图书,如有质量问题请与本社营销中心联系调换
电话:010-84083683
版权所有　侵权必究

摘要: 尼日利亚是非洲第一人口大国和第一大经济体,在西非次区域的和平与安全事务中发挥着重要作用,有西非国家经济共同体(西共体)"领头羊"和"非洲巨人"之称。尼日利亚长期奉行以非洲为中心、广泛结好、积极参与国际事务的务实外交政策,在非洲大陆乃至全球具有重要影响力。

中国和尼日利亚的友好关系有着深厚的历史和现实基础,两国分别是全球最大的发展中国家和非洲最大的发展中国家,有着相同或相似的历史遭遇和发展国家经济、建设现代化国家的重大现实任务,两国在地区和国际事务中相互支持,堪称南南合作的典范。中国和尼日利亚的友好合作是中非合作中最重要的双边合作之一,具有重要的示范作用。2005年两国建立战略伙伴关系以来,政治互信不断增强,各领域合作卓有成效,在中非合作论坛的框架下,中尼合作已经取得许多实实在在的成果,一批在西非地区和非洲具有标杆意义的项目建成投用或在稳步推进当中,这些成果对于尼日利亚基础设施的改善、经济社会的可持续发展和吸引外资能力的提升均具有重大意义。2018年中非合作论坛北京峰会期间,中国和尼日利亚签署了"一带一路"合作文件,两国在"共商共建共享"原则下,携手推进"一带一路",前景良好。"一带一路"在尼日利亚的推进面临诸多优势,如尼日利亚各界对"一带一路"认同度高、尼日利亚发展潜力巨大、"一带一路"与尼日利亚国家发展战略契合度高、尼日利亚与中国的人文交流日益活跃。同时,"一带一路"建设也不可避免地会遇到一些挑战,如非传统安全问题突出、尼日利亚工业化的历史教训、强大的非政府组织以及西方大国和新兴国家的竞争。

本报告认为,中尼可深化治国理政经验交流,夯实政治基础;中国和尼日利亚应携手应对非传统安全问题,为"一带一路"建设保驾护航;两国在合作过程中,应优选合作方式,促进中尼合作的可持续发展;拓宽人文交流领域,促进民心相通,也是必不可少的环节。2021年是中国和尼日利亚建交50周年,中尼共建"一带一路",有望使两国关系迈上一个新的台阶,再次树立新时代中非合作的典范。

关键词:中国;尼日利亚;战略伙伴关系;中非合作论坛;"一带一路";友好合作

Abstract: Nigeria, as the most populous country and the largest economy in Africa, plays an important role in peace and security issues in the West African sub-region. It is known as the leader of Economic Community of West African States (ECOWAS) and the "African giant". It has long pursued a foreign policy centred on Africa, has a broad-based approach and actively participated in international affairs, and has an important influence on the African continent and globally. The friendly relations between China and Nigeria have a deep historical and realistic foundation. The two countries are the largest developing countries in the world and the largest developing countries in Africa respectively. They have the same or similar historical experience and the realistic task of developing their countries' economies. The two countries support each other in regional and international affairs and set an example of South-South cooperation. Friendly cooperation between China and Nigeria is one of the most important bilateral cooperation in China-Africa cooperation and has an important demonstration effect. Since the establishment of the strategic partnership between the two countries in 2005, political mutual trust has been increasing and cooperation in various fields has been fruitful. Under the framework of the Forum on China-Africa

Cooperation (FOCAC), China-Nigeria cooperation achieved fruitful results. A number of benchmark projects in Africa and West Africa projects completed or under construction are of great significance for the improvement of Nigeria's infrastructure, the sustainable economic and social development and the enhancement of its ability to attract foreign direct investment. China and Nigeria signed the Belt and Road cooperation document in 2018 FOCAC Beijing Summit. With the two countries following the "co-construction and sharing" principle, hand in hand to advance, the prospects of Belt and Road are promising. Belt and Road in Nigeria faces many advantages, such as high degree of recognition of Belt and Road in Nigeria, Nigeria's great development potential, high accordance of Belt and Road with Nigeria's national development strategy, and increasingly active Nigeria's cultural exchanges with China. Meanwhile, there are inevitably challenges, like the prominence of non-traditional security issues, the historical lessons of Nigeria's industrialization, strong non-governmental organizations (NGOs) and competition from Western powers and emerging economies.

In this report, some suggestions are proposed as follows that China and Nigeria should deepen the exchange of experience in governance of the state to further strengthen the political foundation; China and Nigeria should work together to deal with non-traditional security issues and escort the construction of Belt and Road; in the process of cooperation, the two countries should choose the best mode of cooperation to promote the sustainable development of China-Nigeria cooperation; and broaden the field of human exchange and promote the understanding and bonds between peoples, which is also an essential part of Belt and Road. The year 2021 marks the 50th anniversary of the establishment of diplomatic relations between China and Nigeria. China and Nigeria jointly build the Belt and Road, which is expected to push the relationship between the two countries to a new level and set a new example of China-Africa cooperation in the new era.

Key words: China, Nigeria, Strategic Partnership, FOCAC, Belt and Road Initiative, Friendly Cooperation

目　　录

前言　尼日利亚的国际地位及影响 …………………（1）

一　尼日利亚政治经济发展环境 …………………（6）
　（一）尼日利亚政治制度 ………………………（7）
　（二）多党民主化进程 …………………………（9）
　（三）政党政治的特点 …………………………（12）
　（四）经济发展环境和主要行业 ………………（18）
　（五）经济发展现状和多元化策略 ……………（29）
　（六）尼日利亚的法律 …………………………（34）

二　中国与尼日利亚关系的演化和战略伙伴
　　关系的发展 ………………………………（36）
　（一）尼日利亚对外关系的基本特点 …………（37）
　（二）尼日利亚与主要国家的关系 ……………（44）
　（三）中尼关系的历史与现实基础 ……………（53）

（四）中尼战略伙伴关系的确立和发展 ………（61）

三 "一带一路"建设在尼日利亚的优势与进展 ………………………………………（70）

（一）"一带一路"与尼日利亚发展战略对接 ……………………………………（70）

（二）中尼共建"一带一路"的优势 ………（71）

（三）中尼共建"一带一路"的主要领域和进展 ……………………………………（75）

（四）中国土木在尼日利亚积极践行"一带一路"倡议 ……………………………（94）

四 "一带一路"建设在尼日利亚面临的挑战 ………………………………………（106）

（一）尼日利亚非传统安全问题突出 ………（106）

（二）尼工业化发展中的弊端 ………………（107）

（三）非政府组织势力强大 …………………（109）

（四）西方大国和新兴国家的竞争 …………（110）

五 中尼合作抗击新冠肺炎疫情 …………（114）

（一）尼日利亚疫情状况 ……………………（114）

（二）尼政府积极应对疫情 …………………（115）

（三）中尼携手抗疫意义深远 ………………（119）

六 加强新时代中尼合作的政策建议 …………（126）
（一）以治国理政经验交流夯实政治互信 …（126）
（二）以深化安全合作护航"一带一路" …（127）
（三）以优选合作方式助推可持续发展 ……（128）
（四）以拓宽人文交流促进"民心相通" …（129）
（五）以开放合作心态对待各方竞争 ………（131）

结论 以"一带一路"建设为抓手推动中尼友好合作迈上新台阶 ……………（133）

参考文献 ………………………………（136）

前言　尼日利亚的国际
　　地位及影响

尼日利亚联邦共和国位于非洲大陆西部，面积广阔，人口众多，自然资源丰富，凭借其在西非次区域重要的政治、经济、文化和军事影响力，素有"非洲巨人"之称。无论是从综合国力看，还是从地区影响力以及与外界的联系看，尼日利亚都可谓是非洲的一个大国和一个具有重要国际影响力的发展中国家。

（一）尼日利亚是非洲大陆最大的
　　　发展中国家

尼日利亚国土面积为923768平方千米，边境线总长约4047千米，海岸线长853千米。从地理位置看，尼日利亚地位十分优越：南濒大西洋几内亚湾，北邻尼日尔，西接贝宁共和国，东接喀麦隆，东北隔乍得湖与乍得相望，是西非地区的商业中心和贸易枢纽。从人口规模看，尼日利亚是非洲第一人口大国。1960年尼日利亚独立时人口仅4520万，到1992年突破1亿，到2019年突破两亿。据联合国估计，到2050年，尼日利亚人口总量将达4亿人，成为仅次于中国和印度的全球第三人口大国。从经济总量看，尼日利亚是非洲第一大经济体。2019年尼日利亚国内生产总值（GDP）达4481亿美元，占撒哈拉以南非洲地区经济总量的25%以上，是非洲唯一一个GDP超过4000亿美元的国家。[①] 尼日利亚还拥有丰富的自然资源禀赋，已探明石油储量为375亿桶，日均产油量达220万桶，是非洲最大的石油生产国和出口国，各类矿产资源多达30余种。近年来，尼日利亚大力开展经济多元化改革，力图革新以能源产业为支柱的单一经济结构，加快推进农业、制造业、服务业等产业的协同发展，积极争取成为非洲经济的领头羊。

（二）尼日利亚是西共体的"领头羊"

作为前英属殖民地，独立之初的尼日利亚周围遍布前法属西非国家，周边地区形势严峻复杂，尼日利

---

① 数据来源：世界银行，https：//databank.shihang.org/reports.aspx?source=2&country=SSF。

亚外交政策的首要目标就是打开西非地区的外交局面，确保自身战略安全。20世纪70年代，尼日利亚依靠石油工业取得了经济腾飞，雅库布·戈翁（Yakubu Gowon）政府加大了在西非地区的外交力度，1975年5月，囊括西非地区绝大多数国家的西非国家经济共同体（Economic Community of West African States，ECOWAS）在尼日利亚当时的首都拉各斯正式成立。西共体的成立进一步确认了尼日利亚西非巨人的地位，为尼日利亚巩固自身对西非地区事务的主导权提供了组织基础。西共体包括15个国家：贝宁、布基纳法索、多哥、佛得角、冈比亚、几内亚、几内亚比绍、加纳、科特迪瓦、利比里亚、马里、尼日尔、尼日利亚、塞拉利昂、塞内加尔。位于西非东南部的尼日利亚坐拥超过2亿的人口，是非洲的第一人口大国，其GDP常年占据西非国家GDP总量的3/4以上，巨大的人口规模和强大的经济实力让尼日利亚拥有了"西非巨人"的美誉。可以说，以西非为基本立足点，谋求"地区盟主"地位，是尼日利亚"非洲中心"外交思想与其基本国情相结合的具体实践。

（三）尼日利亚是非洲和平与安全的重要力量

以尼日利亚为主要资金和人力来源的西非维和部

队在20世纪90年代利比里亚、塞拉利昂、几内亚比绍等国国内冲突中的亮眼表现再度确认了尼日利亚在西非地区的"地区盟主"地位。尼日利亚与周边多个国家开展有区域安全合作。2012年，尼日利亚与喀麦隆签署了《跨境安全合作协定》，并在喀麦隆的支持下加强了多国联合特遣部队。此外，由尼日利亚、尼日尔、喀麦隆和乍得组成的乍得湖流域委员会，定期开展有效的联合边境巡逻。

（四）尼日利亚是撒哈拉沙漠以南非洲地区文化发展的重镇

尼日利亚拥有古老悠久的文化，国内不少民族史可以追溯到石器时代。考古证据表明，早在公元前500年至公元200年间，尼日利亚就出现了具有铁器时代烙印的诺克村落文明。使用于尼国内的约鲁巴语、埃多语、伊乔语、伊博语等本土语言已经使用了两千多年，[①] 由此可见尼日利亚在公元前就已经诞生了比较发达的文化。尼日利亚历史上著名的诺克、伊费和贝宁三大文化使尼日利亚被誉为"黑非洲文化摇篮"。

---

① ［尼日利亚］托因·法罗拉：《尼日利亚的风俗与文化》，方之译，民主与建设出版社2018年版，第16页。

（五）尼日利亚与外部世界的联系日益密切

尼日利亚现任政府奉行广泛结好、积极参与国际事务、促进和平与合作的外交政策。主张各国相互尊重主权和领土完整，通过谈判解决争端，加强国际合作，促进世界和平，建立公正的国际政治经济秩序。积极推动西非地区经济一体化进程并参与联合国和非洲地区组织的维和行动，谋求发挥非洲大国作用。将经济外交作为优先发展方向，重视同西方国家及新兴大国保持友好合作关系。尼日利亚与100多个国家建立了外交关系，共设100多个驻外机构。尼日利亚是联合国、不结盟运动、77国集团、15国集团、非洲联盟、西非国家经济共同体、石油输出国组织（"欧佩克"）和伊斯兰合作组织等的成员国，现为非洲气候变化国家元首和政府首脑委员会成员国。

一 尼日利亚政治经济发展环境

尼日利亚自1960年独立后，经历了多轮文官政府和军人政府的更迭，在20世纪60年代末爆发了3年内战。1999年，奥巴桑乔民选政府上台后，对外积极改善与世界大国和周边国家的关系，对内采取多种措施加强联邦建设和民族团结，国际形象逐步好转，国内秩序恢复稳定。2015年，布哈里战胜人民民主党候选人乔纳森，当选为新总统，时隔30年再次登上国家权力顶峰。2019年，布哈里总统成功连任，当前尼日利亚政局总体稳定，各方面建设稳步推进。尼日利亚自独立以来经济发展势头良好，逐步形成了以石油工业为支柱的国民经济体系，2013年经济总量超过南非成为非洲大陆第一大经济体。尼日利亚正在积极探索多元化经济发展路径，确保经济可持续增长。

（一）尼日利亚政治制度

尼日利亚在独立前曾经被英国殖民统治百余年，1914年英国将南、北尼日利亚殖民区合并为尼日利亚殖民地和保护国，形成了现代尼日利亚。1947年英国批准尼日利亚新宪法，尼日利亚联邦政府成立。1954年尼日利亚联邦政府取得内部自治权。1960年宣布独立，并成为英联邦成员国，此后尼日利亚政局经历了多轮文官政府和军人政府的更迭，直至1999年奥巴桑乔民选政府上台执政。

当前尼日利亚实行三权分立的政治制度，立法权、司法权和行政权相互独立、相互制衡，总统为最高行政长官，领导内阁；国民议会由参议院和众议院组成，是国家最高立法机关；联邦最高法院是最高司法机关。根据尼日利亚1999年宪法，尼日利亚是不可分割的主权国家，实行联邦制，设立联邦、州和地方三级政府。尼日利亚三级行政区划经历了多轮调整，在1996年行政区划改革后，全国被划分为1个联邦首都区（首都阿布贾）、36个州和774个地方政府。

总统是国家的最高代表，是尼日利亚国家元首、政府首脑和武装部队总司令，由全民直接选举产生，任期4年，连任不得超过两届。2007年，亚拉杜瓦当选总统，他于 2010 年 5 月 5 日因病逝世，副总统乔纳森于次日就任总统。2011 年 4 月总统大选，执政党人民民主党（PDP）候选人、时任总统乔纳森获胜当选。2015 年 3 月，尼日利亚主要反对党全体进步大会党（APC）总统候选人穆罕默杜·布哈里在选举中击败乔纳森，赢得总统选举；5 月 29 日，布哈里宣誓就职。2019 年 2 月举行的新一届总统选举中，时任总统布哈里击败人民民主党（PDP）候选人阿布巴卡·阿提库，成功连任。

尼日利亚联邦执行委员会即尼日利亚内阁，由总统、副总统、各部部长和国务部长等组成。尼日利亚联邦政府各部部长由总统提名，经参议院批准后由总统任命，尼日利亚主要的部门包括石油资源部、外交部、国防部、财政部、中央银行等。国民议会由参、众两院组成，参议院有 109 个席位，36 个州各有 3 个席位，首都联邦区有 1 个席位；众议院有 360 个席位，按照各州人口数量划分。国会议员由直接选举产生，任期 4 年。本届国民议会于 2019 年 3 月选举产生。在参议院 109 席和众议院 360 席中，全体进步大会党分别获得 64 席和 217 席，人民民主党获得 41 席和 115 席。第九届议会于 2019 年 6 月正式运转，参议院议长为艾哈迈德·拉万，众议院议长为费米·格巴贾比亚米拉。

联邦设有最高法院、上诉法院和高等法院，各州设高级法院，地方政府设地方法院。有的州还设有习惯法上诉法院。联邦和各州还设有国民议会选举法庭、州长和州议会选举法庭、特别军事法庭等。根据尼宪法规定，尼全国各级法院独立行使司法权。联邦一级的司法机构包括最高法院（Supreme Court），宪法法院（Constitutional Court），上诉法院（Court of Appeal）和联邦高等法院（Federal High Court）。最高法院是尼最高司法机构，主要职责是直接受理联邦和各州之间、州与州之间的纠纷，审理上诉法院的申诉，并拥有所有上诉案件的终审权。宪法法院负责审理一切有关联邦宪法解释和实施的案件。上诉法院负责直接受理有关职位权限、总统、副总统职位空缺等事务中出现的纠纷，听取并终审联邦和各州高等法院和州沙里亚伊斯兰教上诉法院的申诉。沃尔特·奥诺根于2017年3月宣誓就职最高法院首席大法官。他于2019年1月被暂停大法官职务后，易卜拉欣·穆罕默德就任代理首席大法官。

（二）多党民主化进程

英国殖民主义者将政党制度移植到尼日利亚，但受当地经济社会欠发展、民族宗教矛盾尖锐、地缘政治博弈激烈等因素影响，该国政党发育先天不足，政党政治命运多舛。尼日利亚1960年独立后不久，经历了两次军事政变和接踵而至的内战，这让联邦统一经受了严峻考验。内战后，戈翁带领尼日利亚走上和解与重建之路，但他并没有及时提出还政于民的过渡计划，最终在一场军事政变中被推翻。随后尼日利亚陷入长期的军人统治时期。奥巴桑乔军政府成功实现还政于民，赢得赞誉，尼日利亚出现短暂的第二共和国（1979—1983）。然而，好景不长，不久后尼日利亚再次陷入军人连续执政时期（1983—1999）。其间，布哈里、巴班吉达、阿巴查军政权各具特色，在尼日利亚民族国家一体化建设方面有一定贡献，但其高压铁腕统治，以及虚假的还政于民计划让尼日利亚民众处于水深火热之中。1999年，阿卜杜勒萨拉米·哈吉·阿布巴卡尔军政权成功实现还政于民后，军人逐步淡出政坛，尼日利亚政党政治开始进入相对稳定期。1999年作为尼日利亚政党政治发展的一个分水岭被载入史册。

尼日利亚自1999年进入第四共和国后，政局总体上保持了稳定，成功举行过4次大选，经济稳步快速发展。尼日利亚前总统乔纳森曾提出，到2020年，尼日利亚要跻身世界经济20强，保持在非洲的领导地位，在国际事务中发挥重要影响力。然而，要实现大国梦并不容易，需要克服种种困难，如民族宗教问题，北部宗教极端势力的暴恐活动，南部尼日尔河三角洲的动荡，权力分配问题、腐败问题，贫困、高失业率等。

1998年7月成立的人民民主党（PDP）创纪录地连续执政16年，逐渐发展成为尼日利亚乃至非洲实力最雄厚的大党之一，在尼日利亚北部、中部和东南部地区影响较大。反对党在屡战屡败之后，改变了单打独斗的做法。2013年7月，尼日利亚行动大会党、进步变革大会党和全尼日利亚人民党3个最大反对党联合成立全体进步大会党（APC），并在2015年大选中击败人民民主党，成为尼日利亚政党政治史上首个战胜执政党的反对党，对尼日利亚自1999年以来一直由人民民主党主导的政治格局产生巨大冲击。在2019年2月举行的大选中，全体进步大会党再次击败人民民主党，保住了执政地位。当前，尼日利亚政党政治总体较为平稳，出现了一种类似"两党制"的趋势。毋庸讳言，政党政治在尼日利亚政治发展进程中还面临诸多挑战，既有政党自身的问题，也有国家治理能力不足的掣肘。作为非洲第一大经济体和人口最多的国家，尼日利亚政党政治的稳定发展对其自身、对西非次区域乃至对整个非洲大陆都具有积极意义。

（三）政党政治的特点

1. 政党碎片化问题依然严重

政党是现代政治的主要组织因素。当政治机器被组织起来，通过选举或其他方式赢得并行使政府权力之时，就时时处处能感受到政党的存在。尼日利亚的政党活动在殖民时期就已开始，1923年，被称为"民族之父"的非洲民族主义者赫伯特·麦考莱创立了尼日利亚现代意义上的政党，并且参加了当时尼日利亚立法机构的选举。1944年，麦考莱与恩纳姆迪·阿奇克韦一起创建了尼日利亚和喀麦隆国民理事会（后改组为尼日利亚公民国民大会），其支持者大部分是东部的伊博族人。1950年，约鲁巴族律师奥巴费米·阿沃洛沃以约鲁巴文化协会为基础成立行动集团（AG）。同一时期，豪萨族传统军事将领阿哈迈杜·贝洛和阿布巴卡尔·巴勒瓦在北部成立了北方人民大会（NPC）。尼日利亚早期的政党，是非洲政治精英整合了原有部族和宗派力量后，模仿英国的模式建立起来的，以反映部族利益为主的政治组织。纵观尼日利亚政党政治发展史，政党数量在第一共和国时期（1960—1966）就很多。除去巴班吉达军政权为了还政于民人为安排的两个政党（全国共和大会党、社会民主党）之外，尼日利亚政党的数量一直比较多。2017年6月，国家独立选举委员会批准5个新政党的注册申请后，全国政党总数为45个。但到2019年2月大选时，注册政党已高达91个。在不到两年时间里，政党的分化、组合和增长之快令人咋舌。政党的碎片化其实并不难理解。尼日利亚人素有结社的传统，尼日利亚民族国家构建程度不高，是一个高度分化的社会，各种利益群体、压力集团层出不穷。大选至少从形式上给大大小小、形形色色的政党提供了一个同台竞争的机会。大的政党目标是问鼎政权，小政党更多的是为了获得发声的机会，让外界关注女性、青年等群体的利益，积累从政经验，或者是仅为获得存在感。2019年大选的70多位总统候选人中，有十几名候选人转而支持全体进步大会党候选人布哈里。小政党的候选人在最后一刻的政治投靠更多是一种策略，以获得布哈里连任后给予的政治回报，这有助于他们政治前途的发展。布哈里的全体进步大会党也能在吸纳更多党员后发展壮大。在尼日利亚的政治生活中，以总统为代表的行政权力占主导地位，立法和司法力量相对薄弱，而尼日利亚的小党组织结构并不紧密，在议会中小党对政府发挥的作用有限。

2. "政治大佬"在不同政党间转换频繁

尼日利亚政党政治也常常被称作"教父政治"

（Godfather Politics）。虽然人们对"教父政治"的理解见仁见智，但一般认为，政治"教父"或政治大佬（Big Boss）及其团队成员一般非富即贵、有钱有势、动员能力强、目标明确。他们所要做的，就是要确保自己或自己提名的候选人在选举中获胜。当他们在某党内无法达到目的或感到希望渺茫时，便会凭借其影响力和财富另起炉灶或转换门庭。例如，布哈里曾在2003年和2007年以全尼日利亚人民党候选人、2011年以进步变革大会党总统候选人参选，但均告失败。2015年布哈里代表全体进步大会党参选获得成功，2019年获得连任。阿提库·阿布巴卡尔也不例外。早在1992年，他以社会民主党候选人参加大选未获成功，大选本身也被巴班吉达军政府取消。1998年阿布巴卡尔以人民民主党人的身份作为奥巴桑乔的竞选搭档参选获胜，担任8年副总统后又退党。2007年阿布巴卡尔代表行动大会党参加总统大选，与布哈里一样，均败给了人民民主党的亚拉杜瓦。此后，阿布巴卡尔又回归人民民主党，但在2011年大选前未能获得党内提名。2014年，阿布巴卡尔又转投全体进步大会党，3年后再次回到人民民主党"老家"。阿布巴卡尔令人眼花缭乱的政党身份转换也折射出政党领导层之间的矛盾，大选前党内提名争夺激烈可见一斑。从长期发展趋势看，"教父政治"在尼日利亚政党政治中仍将长期占据主要地位。

3. 民族宗教和地区高度关联

尼日利亚是多民族多宗教国家，但建国伊始便形成了三大主体民族与特定宗教和地区高度关联的格局：北部，豪萨—富拉尼族，伊斯兰教；南部，伊博族，基督教；西南部，约鲁巴族，基督教和伊斯兰教。早期的政党基本上都是基于上述模式建立的。

为了推动民族国家构建进程，尼日利亚政府（包括军政府）在探索弱化民族宗教地域认同的途径的同时，也出台了一些法律，如政党必须是全国性的，总部必须设在首都，党的名称、徽章和座右铭不能包含特定民族或宗教含义，政党的活动不能仅局限在特定地域等。总统选举获胜的原则有二：一是获得最多选票；二是在包括联邦首都区在内的至少2/3的州中，都获得不少于25%的选票。当前，虽然尼日利亚政党形式上都满足了全国性政党的要求，但实际上各政党的影响力和内部架构还是有很深的南北地区之别。人民民主党之所以能执政16年，一个重要因素是其内部南北"轮流坐庄"的"君子协定"，该协定保证了政权在北方穆斯林和南方基督徒之间轮替。对人民民主党来说，这也符合党内南北两大势力集团的利益。除特殊情况外，一届政府一般为两个任期。从2019年大选情况看，全体进步大会党主要获得北方的支持，人民民主党获得最多的是南部除拉各斯之外的诸州的支持。但如前所述，南部支持人民民主党的投票率并不高，因为阿布巴卡尔是北方穆斯林。在北方选民看来，阿布巴卡尔虽然是北方穆斯林，但人民民主党更多的是南方人的政党。可以设想，如果全体进步大会党要想长期执政，下一届选举时，或许应该推举一个南部基督徒作为候选人，以符合南北轮流执政的政治传统。

4. 国内外非政府组织和国际社会关注度高

英国学者阿历克斯·汤普森（Alex Thomson）在其经典著作《非洲政治导论》一书的"前言"中指出，理解非洲政治要把握三个关键词：国家、民间社会以及外部利益相关方（外国政府、国际组织和跨国公司等）。这在观察和认识非洲国家大选时尤其如此。

2019年大选之前，在国内外大选观察和监督机构的见证下，尼日利亚所有70多位总统候选人在首都阿布贾签署《和平协议》，承诺大选和平举行。一些非洲国家前政要率监督团赴尼，希望尼日利亚人能表现出大国风范，保证大选和平举行。在大选结果公布后，国际监督组织集体发声，很大程度上增强了尼日利亚国家独立选举委员会的权威性。需要指出的是，国内外大选监督机构的活动是在获得尼日利亚国家独立选举委员会的批准下进行的。大选之前，尼日利亚外交部还专门召开驻尼外国使团和国际机构座谈会，一方面，欢迎国际社会对尼日利亚的关心和关注；另一方面，尼日利亚政府也告诫外国机构人员要遵守尼日利亚的法律法规，绝不能从事与其身份和使命不符的活动。事实上，这些措施对于维护国家主权和民族尊严而言非常必要，是尼日利亚大国地位的一个象征。

5. 多党制下"两党制"趋势增强

尼日利亚政党政治的发展历程，特别是1999年以来的民主政治实践表明，在众多政党角逐中，唱主角的其实就一两个政党。尼日利亚实行选区制，即赢者通吃，胜利者相当于赢得该区所有选票，败者会被淘汰，这种制度使大党占据更大优势。尼日利亚的立法提高了政党成立的门槛，代表个别地区和部族利益的政党参选受限，只有具备广泛代表性的政党才有当选执政的可能性。1999—2015年，尼日利亚政党政治形成了人民民主党占主导地位且连续执政的格局。这既与人民民主党内部实行南北"轮流坐庄"的"君子协定"有关，也与其他政党各自为政、单枪匹马的做法有关。此外，当时尼日利亚国内社会经济发展环境较好，国际油价处于高位，国内安全形势平稳，这些都有助于人民民主党长期执政。但自 2009 年以来，以"博科圣地"为代表的极端势力在尼日利亚逐步坐大，人民民主党乔纳森政府束手无策，东北部局势急转直下。人民民主党内部也因党内候选人提名问题和政治领袖们之间的矛盾发生党内纷争。加之人民民主党长期执政，反腐败斗争形势严峻，国内贫富差距和社会分化日益加深。与此同时，几个最大的反对党形成合力组建新党，并推举政治强人布哈里为候选人，打出了"变革"旗号，在 2015 年击败了人民民主党，尼日利亚政坛出现了"两党制"的端倪。2019 年大选，随着全体进步大会党的再次获胜，"两党制"的趋势进一步增强。如果全体进步大会党利用第二个任期加强执政党自身建设，协调好地区之间的利益平衡，以经济发展为中心，改善民生，顺应民意，也有可能像人民民主党那样连续执政。在这种状况下，"两党制"的特征就会更明显。

（四）经济发展环境和主要行业

尼日利亚是人口大国，市场潜力巨大，作为西非地区的"领头羊"，对周边地区有很强的辐射力，在非洲亦有举足轻重的地位。尼日利亚具有丰富的自然资源、人口红利和区位优势，20 世纪 70 年代起成为非洲最大的产油国，依靠石油工业，国民经济取得了较好发展，目前是非洲第一大经济体。油气产业目前是尼日利亚支柱产业，其他产业发展较为滞后。

1. 经济发展总体特点

尼日利亚经济规模在非洲首屈一指，但其结构较为单一，经济发展存在地区不均衡的现象。尼日利亚全国可粗略划分为三个经济区域。北部主要是豪萨—富拉尼人聚居区，经济传统上以农业、畜牧业和商业为主，曾是尼日利亚的经济中心，但石油工业取代农业在尼日利亚经济中的主导地位后，北部地区经济发展缓慢，目前仍以农业为主，也有一些规模较小的农副产品和日用品加工企业，经济发展总体上比较落后。西南部地区因拥有几个重要港口，因此航运业、商业比较发达。拉各斯曾是尼日利亚的首都，现在仍是该国的金融和商业中心，也是西非的重要城市之一。东南区是尼日利亚石油的主产区，因此石油和天然气开采业是该地区乃至整个尼日利亚的经济支柱。在沿海的一些地区，如卡拉巴尔，也有一些钢铁冶炼企业。因此，该地区是尼日利亚的重工业中心。

尼日利亚国民经济发展中存在的瓶颈是基础设施比较落后，电力供应非常紧张，经常出现"电荒"，石油产品供应匮乏。尼日利亚是"欧佩克"成员国中唯一一个需要大量进口燃油的国家。此外，尼日利亚经济结构单一，严重依赖石油开采业，因此受国际油价波动影响非常大。税收支付体系不完善及外汇管制限制了外部投资涌入尼日利亚。尼日利亚农业资源较为丰富，但石油工业兴起后，农业曾长期受到忽视，近年来发展也比较缓慢，每年要花费大量外汇进口农产品满足国内的需要。

世界经济论坛（WEF）《2019全球竞争力报告》显示，尼日利亚在全球最具竞争力的141个国家和地区中，排名第115位。在世界银行《2020年营商环境报告》中，尼日利亚在参评的190个国家和地区中，排名进一步上升至第131位。2003—2014年，尼日利亚经济稳中有升，年均增长率约为7%。2015年受国际油价下跌等因素影响，经济增速放缓，经济增长率仅为2.8%。2016年，尼日利亚遭遇多年来的首次经

表1　　　　　　2014—2019年尼日利亚经济增长情况

年份	GDP（亿美元）	经济增长率（%）	人均GDP（美元）
2014	5685	6.3	2980
2015	4811	2.8	2850
2016	4047	-1.54	2450
2017	3728	0.83	1932
2018	4175	1.93	2163
2019	4745	2.27	2303

资料来源：尼日利亚国家统计局、尼日利亚中央银行、世界银行。

济负增长，全年 GDP 萎缩 1.54%。2017 年开始，尼日利亚经济回暖。根据尼日利亚统计局的数据，2019 年尼日利亚名义 GDP 为 145.64 万亿奈拉（约合 4745 亿美元），经济增长率为 2.27%，超过世界银行预测的 2.1%。

2. 基础设施状况

作为西非地区的"领头羊"，尼日利亚的基础设施状况亟待改善。尼日利亚政府已经注意到落后的基础设施阻碍了尼日利亚经济和社会可持续发展，近年来联邦政府和各级地方政府在基础设施领域投入了大量资金。

公路方面：尼日利亚全国 95% 的货运量，96% 的客运量通过公路运输。全国公路总长约 19.44 万千米，其中联邦公路总长 3.3 万千米，连接各州首府；[①] 州级道路总长 3.1 万千米，连接各地方政府及主要城镇；地方政府道路总长约 13 万千米，连接各个村庄和居民区。联邦首都区及各州首府附近的交通网条件较好。东南部和西北部的路段由于降雨影响和缺乏维护，损毁较为严重。目前，尼日利亚与周边国家尚未形成规模性的公路网络。

铁路方面：尼日利亚铁路总长约 3800 千米，其中

---

① 以上资料主要来自商务部《对外投资合作国别（地区）指南》，http://www.mofcom.gov.cn/dl/gbdqzn/upload/niriliya.pdf。

3505千米为窄轨单轨道线。全国铁路网呈"H"形布局，主要由哈科特港至迈杜古里、拉各斯至卡诺的两条干线构成。目前，由中国企业承建的阿卡铁路和阿布贾城铁项目已经建成投入运营。2014年5月，李克强总理访尼期间，中国铁建中非建设有限公司与尼日利亚联邦交通部在首都阿布贾签订尼日利亚沿海铁路项目合作协议，合同金额为119.7亿美元。尼日利亚沿海铁路项目是西非国家经济共同体"互联互通"铁路网的重要组成部分，建成运营后将对整个西非地区的经济社会发展产生积极影响。

空运方面：尼日利亚联邦机场管理局管理着全国23个大型机场，这些机场主要分布在联邦首都区和各州首府，其中阿布贾、拉各斯、哈克特和卡诺国际机场是尼日利亚通向世界的窗口。荷兰航空公司、法国航空公司、英国航空公司、土耳其航空公司、卡塔尔航空公司及德国汉莎航空公司均开通了中国到尼日利亚的航线。

2018年2月，布哈里总统签署批准尼日利亚和阿尔及利亚、中国、刚果（金）、卡塔尔、新加坡的双边航空服务协议。目前北京、上海、杭州、广州等城市开通了来往尼日利亚的航线。

水运方面：尼日利亚地处西非东南部，南临大西洋几内亚湾，拥有853千米长的海岸线。得天独厚的地理环境为其水运发展提供了优越条件。尼日利亚现有8个主要海港，11个油气码头，102个码头泊位。海运是尼日利亚进行国际贸易的主要方式，其海运贸易额约占西非地区的68%。拉各斯港是西非地区最大、最繁忙的港口，中国出口到尼日利亚的产品大多运至此港。尼日利亚境内可供通航的河流有12条，内河航线总长约3000千米，其中尼日尔河和贝努埃河是主要内河航运河流。

通信方面：尼日利亚国内共有10家移动电话通信服务商，服务范围几乎覆盖全国。MTN（南非）拥有6690万用户，约占市场份额的四成，居尼日利亚第一，其他较大的电话通信服务商包括Globacom（尼日利亚）、Airtel（印度）。截至2019年1月，尼日利亚网民总人数达1.14亿人，主要的网络服务商仍是MTN、Globacom、Airtel。

电力方面：尼日利亚电力供应情况十分严峻。据尼政府估算，尼日利亚年电力供应最低需求为2000万千瓦，最高需求达6000万千瓦。截至2020年4月，尼境内共有27座电站，总装机容量为1291万千瓦，可用容量为765.2万千瓦，输电容量为810万千瓦，峰值发电量为573.5万千瓦，远不能满足尼国内需求。全国有约55%的居民无电可用，严重影响了居民的正常生活和社会经济发展。

尼日利亚以火力发电为主，水电约占其发电总量的30%。尼日利亚从2013年开始实行发电、配电私有化，目前仍存在许多问题，如燃气短缺、输配电系统不完善等。

3. 油气产业

油气产业是尼日利亚最为核心的支柱产业，20世纪70年代以来，油气行业是尼日利亚外汇储备和财政收入的主要来源，占比高达94%和62%。根据尼日利亚国家统计局的数据，尼日利亚2019年第四季度日均产油量为200万桶，居非洲第一，世界第六。2019年，尼日利亚出口原油及其他石油制品达41642亿奈拉（约合135.8亿美元），占总出口的87.29%，全年石油部门产值增长4.59%，占国内生产总值的8.78%。国有的尼日利亚石油公司（NNPC）占石油产量的一半以上，提供了40%的天然气供应。道达尔、壳牌、埃克森美孚、雪佛龙、埃尼等跨国石油公司在尼运营。虽然油气产业是尼日利亚经济的命脉，但尼日利亚油气下游产业链发展较为落后，炼油能力低下，汽油和其他石油精炼产品常年依赖进口。2015年至今，尼日利亚国内供油日趋紧张。尼日利亚国家统计局数据显示，2019年尼日利亚汽油进口额约1.7万亿奈拉（约合55.7

亿美元),占全年进口额的10.8%。①

4. 农业

农业是尼日利亚重点发展的产业。独立初期,尼国内棉花、花生等农作物产量在世界上居于领先地位。油气产业兴起后,农业规模迅速萎缩,农作物产量大幅下降。近年来,随着尼政府不断加大对农业的投入,农作物产量有所回升。2019年尼日利亚农业总产值达32.18万亿奈拉,占GDP总量的22.1%。尼日利亚的主要农产品包括:花生、木薯、玉米、高粱、稻米、小米、可可、棕榈、腰果等,主要进口大米、小麦、棕榈油、糖等,出口可可、腰果、芝麻、棉花等。尼日利亚耕地面积为8400万公顷,居全球第九位,但是目前只耕种了43%,全国近70%的人口从事农业生产,目前尚未实现大米、面粉等主食的自给自足,近10年来食品进口费用年均增长11%。

5. 制造业

2019年,尼日利亚第一、第二、第三产业分布的比例约为22∶28∶50,制造业全年产值为16.8万亿奈拉(约合546亿美元),同比增长34.8%。水泥、食品饮

---

① 数据来源:尼日利亚国家统计局,https://nigerianstat.gov.ng/elibrary? page=10&offset=90。

料、烟草、纺织、橡胶制品等12个部门实现了产值同比增长，石油精炼部门产值同比下降。尼日利亚制造业产值近年来稳步提升，对国内生产总值的贡献也在持续增长，年均增长率达9%。港口城市拉各斯及其周边地区是尼日利亚制造业的主要分布地，产生了约60%的制造业产值。其他主要工业中心包括卡诺、伊巴丹、卡杜纳。食品饮料、水泥、纺织是尼日利亚制造业的主要产业。

食品加工和酿酒业是尼日利亚大力发展的方向。尼日利亚食品消费支出占收入比重较大，农业和食品加工业也是尼日利亚雇佣劳工最多的行业。作为非洲第一人口大国，尼日利亚食品行业受到人口刚需的影响，每年对各类谷物、果蔬及加工食品的消费量十分庞大。包括联合利华、雀巢等国际连锁食品巨头都已先后进入尼市场。尼日利亚是非洲第二大啤酒市场，年消费啤酒16亿升，仅次于南非。随着人口的不断增长和中产阶层的逐步兴起，尼酿酒行业规模将继续扩大。尼国内的主要酿酒公司有尼日利亚啤酒公司（NB）、吉尼斯公司（Guinness）。

尼日利亚是世界上最大的新兴水泥市场之一。尼国内存在巨大的住房缺口，基础设施建设也需要大量的水泥供应，目前，尼日利亚人均水泥消费量达125公斤。尼日利亚每年生产超过4000万吨水泥，产量居非洲第一。丹戈特水泥公司和拉法基水泥公司控制了该国80%的水泥市场。随着水泥产量的不断增长，尼日利亚水泥业有望满足本地需求，继而向临近的西非市场出口。

6. 旅游业

尼日利亚政府高度重视旅游业的发展。联邦政府已经对相关基础设施进行了大规模投资，以期从旅游业获益。布哈里政府已经投资了多个公路和铁路项目，作为通过旅游业推动经济发展举措的一部分。

尼日利亚旅游资源丰富，例如有宽阔的河流、壮观的瀑布和未受破坏的热带森林，还有许多展示尼日利亚传统习俗及手工技艺的度假景点。尼国内主要旅游景点有：奥逊州的奥索博神树林，阿达马瓦州的宿库卢文化遗产，夸拉州的奥乌瀑布，博尔诺州的乍得湖寺院，十字河流州的奥布都大牧场，伊莫州的奥古都湖，翁多州的温泉和包奇州的杨卡里野生动物园。

7. 对外贸易

据尼日利亚统计局的数据，2019年尼日利亚对外贸易总额为36.15万亿奈拉，同比增加3.89万亿奈拉，增长14.05%。其中出口额为19.19万亿奈拉，同比增加0.09万亿奈拉，增长0.47%，进口额为16.96万亿奈拉，同比增加3.79万亿奈拉，增长28.78%，贸易顺差为2.23万亿奈拉。2019年第四季度，尼日利亚前五位出口目的地是印度（13.17%）、西班牙（10.35%）、法国（7.78%）、荷兰（7.47%）和加纳（7.40%）；前五位进口来源地是印度（22.57%）、中国（20.49%）、美国（9.05%）、荷兰（8.61%）和比利时（5.76%）。

尼日利亚对外贸易结构较为单一，主要出口商品是能源矿石产品，原油出口一直占据主导地位。主要进口商品包括石油产品、化工产品、机械设备、交通工具、食品、农产品等。尼日利亚是WTO1995年1月1日创建时的成员国，也是非盟和西共体成员。2017年1月，尼日利亚正式签署世贸组织"贸易便利化协定"（TFA），成为世贸组织第107个接受该协定的国家。

8. 外部援助

尼日利亚是非洲重点受援国之一。据经济合作与发展组织（OECD）统计，2017—2018年，尼日利亚共接受官方发展援助（ODA）17.41亿美元，主要援助方向是教育、医疗、经济、安全等领域。主要来源是世界银行、美国、欧盟、法国、德国、英国、全球基金、盖茨基金会、非洲开发银行等。

（五）经济发展现状和多元化策略

2020年3月以来，新冠肺炎疫情对尼日利亚经济产生了重大负面影响，对尼国内农业、交通运输业、酒店餐饮业等诸多行业产生了巨大冲击。国际油价的低迷导致尼石油部门遭受重大损失，尼日利亚正积极采取各种措施缓解新冠肺炎疫情对经济的影响，以期早日复苏。

1. 当前经济发展状况

根据尼日利亚国家统计局发布的数据，尼日利亚2020年第二季度GDP同比下降6.1%，创下该国经济至少十年来最大跌幅。本次下降也结束了自2016年发生上一次经济衰退以来，尼日利亚经济近三年的低水平正增长趋势。新冠肺炎疫情及相应的封锁措施影响

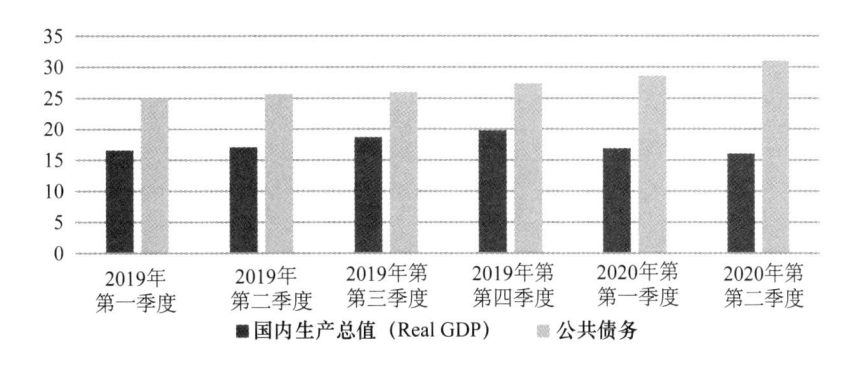

图1　2019—2020年尼日利亚主要经济数据（单位：万亿奈拉）

资料来源：尼日利亚国家统计局、中国驻尼日利亚使馆经商处。

了全国范围内的生产，尼国内农业、交通运输业、酒店餐饮业等诸多行业损失严重，全国宵禁和旅行禁令导致国内和国际贸易陷入停滞。

受疫情封锁影响，尼日利亚农业遭受重创，玉米、大豆、小麦、蔬菜等主要农产品产量骤降。农村地区种植的农产品无法运输到城市销售，导致农民损失严重。欧洲需求下降导致可可出口价格暴跌。尼日利亚每年生产约28万吨可可豆，其中90%用于出口，芝麻、腰果等出口农产品损失严重。交通运输业、酒店餐饮业等行业同样因封锁措施而遭受打击。尼日利亚酒店在疫情初期入住率为30%—40%，在封城的五周入住率基本为零，2020年上半年全国酒店行业共损失约500亿奈拉（约合1.4亿美元）。疫情期间，国际油价持续低迷，尼日利亚原油产量从2020年第一季度的207万桶/天下降到7月份的137万桶/天，石油行业环比萎缩了10.82%，占GDP比重下降到8.93%。

受此影响，2020年上半年尼日利亚联邦财政收入下降了40%，第二季度登记失业率达27.1%，有2177万尼日利亚人处于失业状态。第二季度尼日利亚吸引外资12.95亿美元，同比下降78.60%，环比下降77.88%。截至2020年9月，尼日利亚共有外汇储备358.1亿美元，外汇储备收缩压力增大。第二季度末尼日利亚联邦和各州政府公共债务达到31.01万亿奈拉（约合858.96亿美元），同比增长20.65%，债务风险有放大趋势。尼政府积极采取各种措施缓解新冠肺炎疫情对各行业的影响。2020年8月，尼联邦政府批准向运输工人和运营商提供100亿奈拉（约合2631万美元）的纾困资金，以应对新冠肺炎疫情对交通运输业的冲击。尼政府还出台了多项税收优惠政策减轻企业负担。9月，尼日利亚中央银行货币政策委员会决定将基准利率从12.5%下调至11.5%，存款准备金率和流动比率维持在27.5%和30%，以期通过宽松的货币政策助力经济复苏。新冠肺炎疫情暴发后，尼日利亚政府总共出台了总额5.8万亿奈拉（约合160亿美元）的经济刺激计划，分别是2.3万亿奈拉（约合64亿美元）的经济可持续计划（ESP）和央行3.5万亿奈拉（约合96亿美元）的货币刺激政策。尼政府希望2021年第一季度尼日利亚能够走出经济衰退。

2. 多元化策略

由于油气产品常年占据尼日利亚出口商品份额的80%以上，尼日利亚的外汇收入和政府财政收入与国际油价高度相关，抵御国际市场冲击的能力较弱。布哈里政府上台后，提出了去石油经济单一化、经济发展多元化的改革举措，旨在通过产业结构性变革，改善国内营商环境，增强尼日利亚抵御外部风险的能力和实现长远可持续发展的目标。

2017年4月，布哈里总统宣布启动实施《尼日利亚经济恢复与发展计划》（ERGP），具体举措包括大力发展农业，实现粮食自给自足，开拓农业深加工产业；保障发电并布局石油下游产业链，争取成为石油净出口国；推动港口、铁路、公路等重大交通项目落地，改善国内基础设施环境；推动工业化进程，尤其是推动各类中小型企业发展。2020年9月，布哈里正式宣布将启动编制《2050年尼日利亚议程和中期发展国家计划》（MTNDP），用以取代2020年到期的《尼日利亚发展2020愿景》和《尼日利亚经济恢复与发展计划》。[1] 新的计划在坚持和巩固了原有多元化策略的基础上，借鉴了中国发展规划和脱贫经验，积极谋求经济结构性变革和基础设施本质性改善，投资人力资源，保障基本就业，以期实现经济社会可持续发展。新的计划还强调了多元化经济改革策略的长期性，并关注了以数字经济为代表的新兴产业对尼日利亚的影响。尼日利亚将农业和固体矿产业作为未来经济多元化的重点发展领域，近年来，数字经济在尼日利亚的发展也颇为迅猛。尼日利亚高度重视改善国内营商环境，在保护本国投资者的同时积极降低外资企业投资

---

[1] 参见中国驻尼日利亚经商处，http://nigeria.mofcom.gov.cn/article/jmxw/202009/20200902998877.shtml。

门槛和阻碍，推动交通基础设施建设，优化国内金融支付体系，增强尼日利亚的外资吸引力。

农业是尼日利亚经济多元发展的重要方向，尼日利亚境内可耕种土地高达8400万公顷，居全球第九位，但是目前只耕种了43%，而且生产技术落后，机械化水平不高，尚未完全实现粮食自给自足。尼日利亚的《经济复苏与增长计划》已经将农业作为重点发展领域，为了鼓励农业生产，尼政府出台了农业领域的八年免税政策。尼政府还确定了22种非石油战略出口产品，其中包括棕榈油、腰果、可可、大豆、橡胶、大米、石化产品、皮革、姜、棉花、乳木果油、番茄、香蕉、芭蕉、木薯、豇豆和香料等，预计年出口额超过1500亿美元。除农业外，采矿业也是尼政府重点关注的领域，尼日利亚已将煤炭、铁矿石、沥青、黄金、石灰石、铅锌和重晶石确定为发展经济的战略矿产品。尼日利亚还拥有较大储量的钴、锂、各种宝石等，尚未大规模开采。

以金融科技为代表的数字经济是尼日利亚近年来大力发展的行业。2020年前两季度国内生产总值报告显示，信息通信技术分别为尼日利亚的国内生产总值贡献了14.07%和17.83%。包括OPay、Palmpay、Interswitch、Jumia Pay在内的多家金融科技企业在尼发展迅猛。尼日利亚中央银行通过法律和法规来保障和促进数字支付，允许更多市场参与者进入该领域，以提高行业竞争力，增加消费者选择，保证网络和数据安全，保护消费者利益。COVID-19 流行带来的限制展示了数字资源对发展经济和商业的重要性。"数据就是新石油"这一新的表述表明了政府对转型发展的关注，并且符合政府为实现经济多样化所做的努力。

（六）尼日利亚的法律

尼日利亚法律渊源包括伊斯兰教法、英国普通法和传统习惯法。尼日利亚法律体系是按照英国普通法根据尼本国需要和实际条件进行修改后创立的。最高司法机关是尼日利亚联邦最高法院，共由 15 名法官组成，对宪法中规定的民事和刑事案件有最先的受理上诉的司法管辖权。联邦最高法院对收入事项、海事法、金融、外汇或财政事项以及联邦政府及其机构作为事件一方的案件有司法管辖权。

尼日利亚独立以来制定过 5 部宪法，即 1960 年、1963 年、1979 年、1989 年和 1999 年宪法（1989 年宪法从未颁布）。现行宪法是以 1979 年宪法为基础修订而成，于 1999 年 5 月 5 日颁布，自同年 5 月 29 日奥巴桑乔总统执政之日起正式实施。主要内容包括：尼日利亚是不可分割的主权国家，实行联邦制；实行三权分立的政治体制，总统为最高行政长官，领导内阁；国民议会分参、众两院，是国家最高立法机构；最高法院为最高司法机构；总统、国民议会均由直接选举产生，总统任期4年，连任不得超过两届。

尼日利亚司法部门的基本职能就是执行由立法机构制定的各项法律，保证国家政治、经济和社会的稳定与发展。一些根据相关法律设立的司法部门，还具有其特殊的职能。例如，尼日利亚反贪污贿赂及相关罪行公署（ICPC）的基本职能是接受及调查贪污举报，并视案件情况对犯罪嫌疑人进行检控；研究、审查存有贪污漏洞的公共机构制度及程序，并执行纠正工作，以杜绝公职人员的贪污；教育及警示公众，使其认识贪污贿赂及相关罪行的祸害，以争取及促进公众对反贪工作的支持。国家司法学院也属于尼日利亚司法部门的一部分，其职责是负责法官的培训和继续教育。

尼日利亚加入了《外国仲裁裁定认可与设施条约》（简称《纽约条约》）和《解决国家与他国国民间投资争端公约》（简称《华盛顿公约》）。1988年尼日利亚颁布了《仲裁与调解法》，从而为商业纠纷的仲裁提供了法律依据。同时，该法还规定《纽约条约》适用于任何尼日利亚的仲裁裁定。

二 中国与尼日利亚关系的演化和战略伙伴关系的发展

中国与尼日利亚有许多相似之处。中国是世界人口最多的国家和世界第二大经济体，尼日利亚是非洲人口最多的国家和非洲第一大经济体。两国都是文明古国，民族、宗教、文化多样性非常突出。加之历史上的巧合，中国的国庆节和尼日利亚的独立日都是10月1日。2021年是中国和尼日利亚建交50周年。两国自1971年2月10日正式建交以来，双边关系发展顺利。2005年，中国与尼日利亚建立战略伙伴关系后，中尼关系取得了长足的发展，硕果累累。可以说，中尼关系已经成为中非关系中最重要的双边关系之一，堪称发展中大国关系的典范。放眼未来，在"一带一路"建设的大背景下，中尼战略伙伴关系还有很大提升空间，两国关系将迎来全面升级。

（一）尼日利亚对外关系的基本特点

尼日利亚是非洲大陆拥有特殊影响力的地区大国，自独立以来逐渐形成了特点鲜明的外交战略。建国50余年来，随着国际秩序的风云变幻和国内政治经济环境的变迁，尼日利亚的外交实践随之做出了阶段性调整，并呈现出以下特点。

1. 尼日利亚外交中的"非洲中心"思想

作为一个拥有众多人口、广袤国土和丰富石油资源的非洲国家，尼日利亚是一个对非洲大陆国际关系具有重大影响力的国家。建国50余年来，尼日利亚逐渐形成了追求"非洲领袖"地位的自我定位。以非洲为外交基本立足点，以西非为主要重心，在谋求"地区盟主"的同时积极追求非洲领袖地位的"非洲中心"思想是尼日利亚对外关系中的重要特点。

一是泛非主义和以其为基础的非洲外交。泛非主义作为唤醒非洲大陆民族解放意识的民族主义思潮，在非洲人民追寻自身独立的斗争过程中潜移默化地影响了非洲各国领袖。尼日利亚首位国家领导人阿布巴卡尔·塔法瓦·巴勒瓦（Abubakar Tafawa Balewa）总理关于尼日利亚外交政策的声明中，就有超过一半的内容在讨论非洲；在尼日利亚成为联合国第99个会员国之时，巴勒瓦曾在纽约联合国大会会场这样阐述尼日利亚的外交基本原则："尼日利亚希望能够与其他非洲国家一起努力实现非洲发展，协助所有非洲国家实现负责任的独立。"① 由此可见，在泛非主义思想的影响下，非洲作为一个整体在尼日利亚外交战略中具有重要的地位。

以泛非主义为思想基础的尼日利亚非洲外交最早的具体实践就是旗帜鲜明地支持其他非洲国家的民族解放运动和抵制南非种族隔离政权。正如早期尼日利亚外交部部长瓦楚库（Wachuku）所说："尼日利亚自身将会介入影响非洲大陆任何地方的任何事物，非洲大陆的任何一寸土地……非洲的和平就是尼日利亚的和平，非洲的忧患就是我们的忧患，由此我们不能对她的未来表示漠不关心"，尼日利亚积极介入了安哥拉和纳米比亚的民族解放运动，并且在抵制南非种族隔离政权的斗争中发挥了重要作用。

二是尼日利亚的"非洲领袖"外交。早在殖民时期，英国就有意将尼日利亚构建为一个类似印度的非洲大国，这种政治期许被独立后的尼日利亚人继承。20世纪70年代，有赖于国内经济的迅速增长，尤其是

---

① ［尼日利亚］维克托·恩瓦奥齐奇·戚本杜：《尼日利亚外交政策（1961—2002）》，周平等译，世界知识出版社2005年版，第3页。

石油和天然气产业勃兴带来的综合国力大幅增长奠定了尼日利亚谋求"非洲领袖"的信心。2013年，尼日利亚GDP超过南非，正式成为非洲第一，世界第二十六大经济体，其丰富的自然资源，巨大的人口规模和得天独厚的地理位置为其追求非洲地区领导权提供了物质保障。

尼日利亚"非洲领袖"外交的具体实践一方面是以非洲大陆为重心，广泛参与非洲统一组织的活动，积极支持非洲国家的民族解放运动，另一方面是与南非进行竞争，从而取得对非洲事务的话语权和领导权。尼日利亚是非洲统一组织的重要创始成员国，尼日利亚历届政府都高度重视与非统组织的合作。20世纪80年代初，尼日利亚主导了非统组织关于非洲大陆经济问题的一系列会议，并直接促成了《拉各斯行动计划》。通过非统（Organisation of African Unity，OAU）以及后来的非盟（African Union，AU），尼日利亚积极争取对非洲事务的发言权和影响力，并且希望以此获得其他非洲国家对其"非洲领袖"地位的认可。

除此之外，对南非的外交政策也是尼"非洲领袖"外交的重要组成部分。位于非洲大陆南部的南非拥有不俗的经济实力、科技实力和特殊的外交影响力，是尼日利亚追寻"非洲领袖"之路上的重要竞争对手。在1994年新南非诞生之前，尼日利亚长期抵制南非白人政权，不仅自身对南非进行直接的经济和政治制裁，还积极呼吁西方大国支持并发动对南非的制裁，在与南非种族隔离政权的斗争中，尼日利亚为前线国家提供了巨大的道义和物质支持，可谓不遗余力，这种努力的原因既有其支持南非黑人民族解放的泛非主义因素，也有其对"非洲领袖"竞争对手的遏制成分。在新南非成立后，尼日利亚随即采取了与南非保持经济竞争与合作的外交政策，这两个地区大国保持着密切的竞合关系。

2. 尼对外关系中的多边主义

为了弥补追求独立自主外交政策中的硬实力短板，发展中国家往往愿意在国际组织中积极表现，尼日利亚也不例外。除此之外，在尼日利亚的外交战略中，谋求"世界性影响力"也是一个重要的长远目标。更为重要的是，对于尼日利亚这样一个国家政治认同构建尚处于进行时的现代民族国家而言，外交具有相当特殊的意义：通过外交战场上的胜利，依托在国际社会中的存在感和影响力，可以反过来促进尼国内不同宗教信仰、不同民族的民众的向心力和凝聚力，这是尼日利亚坚持多边主义和在联合国等多边框架下积极发声的重要原因，也是尼对外关系的一大特点。

一是尼日利亚的联合国外交。作为当今世界上最为重要的国际组织和多边机构，联合国在尼日利亚的外交战略中具有重要的地位。尼日利亚高度重视联合国这个重要的国际平台对实现自身外交目标的作用，这从尼日利亚国家领导人高频次亲自出席联合国大会并讲话中可见一斑。尼日利亚在联合国的平台上通常以"非洲代表"的姿态发声，不同于埃及、埃塞俄比亚、津巴布韦等国家突出自身话题，尼日利亚往往更多讨论的是非洲大陆的整体状况，比如非洲民主化、艾滋病防控等全非性议题，这种"非洲代表"的姿态是尼日利亚将自己默认为"非洲领袖"的一种自信和担当。除此之外，为了显示自身作为一个特殊第三世界国家维持世界和平与稳定的责任和使命，尼日利亚多次参加联合国框架下的维和行动，并先后参加了联合国在克什米尔、黎巴嫩、伊朗、伊拉克、南斯拉夫和索马里的维和行动。在联合国改革进程中，尼日利亚也一直争取安理会理事国中非洲国家的席位，尼日利亚认为自己完全有资格代表非洲成为安理会常任理事国。

二是尼日利亚积极参与多边政治组织。多边主义是尼日利亚外交战略的基石。被誉为"非洲雄鹰"的尼日利亚前总统奥卢赛贡·奥巴桑乔（Olusegun Obasanjo）曾用"两只大象也要相亲相爱"的非洲谚语来说明多边主义的重要性。他还说道："非洲的人民曾经历世界上最为苦难的历史，比如殖民主义、极端贫困、不平等的发展，而现在，非洲是和平的最大受益者，而只有践行多边主义才能维持和平。"在这样的外交思想的指引下，尼日利亚积极参与多边政治组织，并在其中发挥着积极作用。除了在本地区的西共体和非洲联盟发挥举足轻重的作用之外，尼日利亚还是不结盟运动、七十七国集团、世界贸易组织、石油输出国组织等重要国际组织的成员国。

3. 尼对外关系中的能源外交

在尼日利亚的对外关系中，能源外交具有重要地位。尼日利亚是非洲第一大石油生产国和出口大国，同时还是非洲天然气储量第一大国，欧佩克重要成员国，具有丰富的能源资源。优越的自然禀赋在推动尼日利亚经济快速发展和改变尼日利亚国内政治格局的同时，其重要地位还体现在对尼外交政策的巨大影响力中。

20世纪70年代初石油产业的勃兴给尼日利亚经济带来了繁荣，迅速增强了尼的综合国力，石油收入使得尼日利亚在70年代保持了每年8%的经济增长率，迅速成为世界第十三富有的国家，并且一跃成为"西非巨人"和西非地区新兴的工业化国家。可以说，石油对于尼日利亚经济具有再造之功。

石油经济的迅速发展不仅给尼日利亚带来了经济

快速增长和财政收入的膨胀,还大大加强了联邦政府对地方的控制力度。尼日利亚的石油资源主要分布在尼日尔三角洲的沼泽地带、近海大陆架和几内亚湾地区,但是石油产业的开发权以及利润的分配权牢牢掌握在尼日利亚联邦政府手中,这对当时刚刚从内战之中走出来的尼日利亚联邦政府来说是一个重要武器,尼日利亚中央政府依靠对石油收入的再分配使得各个地方部族能够团结在国家旗帜之下。

在尼日利亚,能源和外交有着先天的密切联系,能源经济很大程度上决定了尼日利亚外交政策的制定和实施。石油经济的繁荣掩盖了尼日利亚经济结构的旧有弊端,给尼日利亚带来一种虚假的经济安全感,使得尼日利亚一直没有重视对经济结构进行调整和促进产业多元化发展。国际油价的大起大落和尼日利亚石油出口的结构不仅直接影响尼日利亚的经济发展水平,还会影响尼日利亚的外交决策。

尼日利亚自独立以来发生过多次民选政府和军人威权政府的轮替,其间还爆发了险些将国家分裂的比夫拉战争(1967—1970),尼日利亚的外交战略不时做出改变,因此尼日利亚外交战略呈现出阶段性变化的特点。自1999年奥巴桑乔民选政府执政以来,尼日利亚外交战略逐渐趋于稳定,其奉行广泛结好、积极参与国际事务、促进和平与合作的外交政策赢得了国际社会的认可。近年来尼日利亚外交注重多元性和平衡性，更加强调本国经济发展和外交方向多元化，尼日利亚外交战略将继续保持经济利益和政治利益相并重、国内政治发展和国际地位追求相结合、西方大国和发展中国家相平衡的特点。继续推动西共体一体化建设，加强其与欧美和中国的经济合作将是尼当前外交工作的重点，尼日利亚将继续在世界政治舞台上积极活跃，其仍然在多边主义阵营中扮演着重要角色。

（二）尼日利亚与主要国家的关系

尼日利亚高度重视发展与西方、发展中大国的关系，尼日利亚也是许多域外大国对非战略中的重要合作伙伴。重视发展同欧洲国家和美国的双边关系是尼日利亚开展大国外交的重要表现。

1. 尼日利亚与英联邦

独立之初的尼日利亚高度重视发展与英联邦（The Commonwealth of Nations）的外交关系，首位国家领导人巴勒瓦总理一度意图通过靠近西方的外交政策来维护自身的独立和安全。在英联邦这个外交舞台上，尼日利亚开展了围绕抵制南非种族隔离政权和争取南罗德西亚独立等问题的外交攻势。这一时期尼日利亚在英联邦中的积极作为和其自身的区域大国地位使得尼日利亚人埃梅卡·安约库（Emeka Anyaoku）能够在1989年当选为英联邦秘书处秘书长。

1993年阿巴查（Sani Abacha）军政府上台后的种种违背西方价值观念的举措使得尼日利亚拉开了与西方世界的距离，由于阿巴查军政府对国内异见人士的高压政策，尼日利亚在1995年被暂停了英联邦成员国的身份。这种僵化局面被1999年奥巴桑乔民选政府的上台打破，奥巴桑乔政府为了进一步追求自身的外交目标，恢复尼日利亚的国际形象，积极参与英联邦的相关活动。2003年12月，英联邦峰会在尼日利亚首都阿布贾召开，英国女王伊丽莎白二世以英联邦首脑的身份访问尼日利亚并出席峰会，尼日利亚的外交形象得以被重新树立，这是尼日利亚外交史上的重要事件。自此之后，新兴国家和国际组织的方兴未艾使得尼日利亚的外交方向逐渐向多元化发展，尼日利亚与英联邦的外交关系逐渐趋于平淡。2015年，穆罕默杜·布哈里总统在联合国成立70周年系列峰会期间会见英国首相卡梅伦，在此后的三年里，布哈里总统多次前往英国进行医疗休假。2018年8月，英国首相特雷莎·梅访问尼日利亚，同年11月，英国威尔士亲王查尔斯访问尼日利亚，尼英高层交往有回暖趋势。

2. 尼日利亚与美国的关系

尼日利亚被美国视为"美国在非洲最重要的战略伙伴之一",1960年10月1日尼日利亚正式宣布独立后,美国旋即与尼日利亚建立了正式的外交关系。建交50余年来,尼美双方高层交往频繁,经贸关系密切,双方在石油领域展开了颇有成效的经济合作。自1973年美国取代尼日利亚前宗主国英国成为尼最大石油出口国以来,美国一直是尼日利亚石油贸易的重要合作伙伴。1993年阿巴查军政府时期,尼日利亚国内民主进程的倒退使得尼美关系经历了一些波折,但是随着1999年奥巴桑乔民选政府的上台,尼美关系迅速升温回暖。2000年5月,美国国会通过了《非洲增长与机遇法案》,规定美国对原产于撒哈拉以南非洲地区的超过七成的产品实行免关税待遇,2003年美国反恐战略的出台使得尼美双方关系从以经济合作为主进入了政治、经济、军事、人文全方位的合作时代。

尼美在安全领域进行了广泛而深入的合作,2014年美非峰会上,奥巴马政府提出了安全治理倡议和非洲维和快速反应伙伴计划,尼日利亚是这两个项目的重要合作伙伴。双方还在打击博科圣地等反恐问题上进行了密切的合作。尼日利亚还是美国对非援助项目的主要受援国,历届美国政府的对非援助项目,例如克林顿时期的"南部非洲计划",小布什时期的艾滋病救助计划以及奥巴马时期的"全球健康项目"计划都让尼日利亚从中受益良多。

2018年2月,美国国际开发署宣布一项新的8900万美元的援助计划,至此美国政府在对尼五年发展目标援助协议下累计援助额达8.085亿美元。2018年4月,布哈里总统访问美国,并于同年9月的纽约联合国大会期间会见美国国务卿蓬佩奥。2019年6月,奥辛巴乔副总统访问美国,会见美国副总统彭斯。尼美两国高层交往日益密切。

综合来看,尼美关系历史基础深厚,关系结构相对均衡。尼日利亚从独立伊始逐渐形成了对美国的依赖,这种依赖既表现在对石油出口的依赖上,也表现在对美国技术和资本的依赖上,还体现在尼日利亚对美式价值的认可上。

3. 尼日利亚与法国的关系

尼日利亚是法国在非洲的重要对话者,法国积极寻求发展与尼日利亚的政治关系。1961年1月,由于法国坚持在撒哈拉地区进行核试验,尼日利亚决定与法国断绝外交关系。巴勒瓦时期,尼日利亚的外交目标就是确保国家免受法国控制下的法语区邻国的不利影响。1966年,法国同意尼日利亚与欧共体展开合作。比夫拉内战期间，法国为比夫拉共和国提供军火，还影响西非的法语区国家科特迪瓦和加蓬公开承认比夫拉共和国。阿巴查军政府时期，法国曾中止对尼的经济援助和军事合作。

奥巴桑乔政府上台后，尼法两国关系回暖，1999年和2000年，希拉克总统和奥巴桑乔总统实现互访，法国将尼日利亚列为法国开展南北合作和提供援助的优先国家之一。2001年7月，尼法两国对话机制正式启动，双方达成了涵盖军事、经济、文化和教育领域在内的一系列双边合作协议。2005年5月，奥巴桑乔对法国进行工作访问并与希拉克会晤。2013年2月，乔纳森总统访问法国。2014年3月，法国总统奥朗德受邀参加尼建国百年庆典活动，其间双方签署1.7亿美元电力融资协议和在尼建设1.3万千瓦太阳能发电厂协议。2014年5月，在奥朗德总统倡议下，尼日利亚安全问题峰会在巴黎召开，乔纳森总统以及喀麦隆、尼日尔、贝宁、乍得等国总统出席峰会。在巴黎首脑峰会之后，尼法双边关系不断加强，尤其在经济和文化领域。

尼日利亚是法国在撒哈拉以南非洲地区的最大贸易伙伴，在非洲排名第四，仅次于摩洛哥、阿尔及利亚和突尼斯。2019年，尼法两国贸易总额达到44.79亿欧元。法国是尼日利亚的主要投资国之一，2018年法国对尼日利亚的外国直接投资存量达 94 亿欧元。来自采掘业的天然碳氢化合物和其他产品占 2019 年尼日利亚对法国出口的 97%。法国主要向尼日利亚出口药品、冶金和金属产品以及机械设备。十年来，制造业一直是法国对尼日利亚的主要出口产业。文化是法国和尼日利亚之间的合作轴心。尼日利亚的法国文化体系以设在阿布贾的尼日利亚法国研究所和拉各斯联盟为基础，文化和创意产业（ICC）是法国在尼日利亚举办活动的优先事项。2019 年，法国在拉各斯和巴黎以镜像形式举行了两次有关该主题的活动。

法国和尼日利亚还开展了广泛的军事合作。法国支持尼日利亚在乍得湖地区的反恐行动，并向尼日利亚海军和警察提供支持。法国还通过情报领域的合作，支持多国联合部队（FMM）与博科圣地的斗争，并向乍得湖流域委员会提供政治支持。

2015 年 9 月，布哈里总统对法国进行国事访问，在与奥朗德总统的会晤中讨论了安全和投资事宜。12 月，布哈里总统赴法出席巴黎气候变化大会。2016 年 4 月，法国国防部部长勒德里昂访尼。5 月，法国总统奥朗德访尼并出席第二届地区安全峰会。2017 年 12 月，布哈里总统赴巴黎参加"一个地球"峰会，在峰会上布哈里表示尼日利亚已采取积极行动，执行《巴黎协定》和《马拉喀什行动宣言》，并表示尼日利亚愿意为应对气候变化对经济结构进行调整。2018年7月，法国总统马克龙访尼，在与布哈里总统的会谈中讨论了区域安全问题、萨赫勒五国集团和反恐斗争。11月，布哈里总统赴巴黎参加首届巴黎和平论坛，并发表了题为"非法金融流动与腐败：全球治理的挑战"的主旨演讲。

4. 尼日利亚与德国的关系

尼日利亚是德国在非洲的重要发展对象。1999年尼实现还政于民后，尼德两国恢复经贸合作。同年12月奥巴桑乔总统对德进行国事访问。2000年两国政府签署《尼日利亚与德国投资保护和促进协定》。2011年7月，德国总理默克尔出访阿布贾，两国双边委员会成立。2012年4月，乔纳森总统访问柏林，双边委员会政治协商、经济关系、电力和能源、文化、教育和移民工作组开始工作。在与博科圣地的斗争中，德国政府向尼日利亚安全部队提供训练和装备支持。德国支持尼政府在尼日利亚北部与小儿麻痹症的斗争。

尼日利亚是德国在撒哈拉以南非洲地区的第二大贸易伙伴。两国经济关系的优先事项之一是能源领域的合作。2008年8月，德国—尼日利亚能源伙伴关系的创始文件在阿布贾签署。双方定期举行会议，以促进共同项目的开展。该文件的重点是恢复和进一步发展尼日利亚的电力生产。德国对尼日利亚的主要出口是机械、汽车、化学产品和电气产品。大量德国公司在尼日利亚十分活跃，它们通过自己的办事处或通过合作伙伴开展业务。尼日利亚歌德学院1962年设立于拉各斯，是尼德两国文化交流的重要纽带。

2015年9月，布哈里总统在联合国成立70周年系列峰会期间会见德国总理默克尔。2016年，布哈里总统访问德国；德国总统高克、外长施泰因迈尔先后访尼，布哈里总统就慕尼黑枪击事件向德国总理默克尔致慰问函。2018年8月，德国总理默克尔访尼。

5. 尼日利亚与新兴经济体的关系

尼日利亚与俄罗斯关系密切。尼日利亚独立次年（1961），苏联与尼日利亚建交，两国在军贸、经济、文化等领域合作密切。奥巴桑乔政府上台后，尼俄两国交往与合作明显增多。2001年3月，奥巴桑乔总统抵达莫斯科，对俄罗斯进行了正式访问，双方签署了《关于友好与伙伴关系联合声明》，两国在军事技术和贸易等领域的合作不断加深。2009年6月俄罗斯总统梅德韦杰夫访尼后，双方在投资、核能、航天、石油、司法等领域的合作不断加深，2011年，俄罗斯为尼日利亚发射了两颗人造卫星。2019年10月，布哈里总统出席在莫斯科举办的俄非峰会，并同俄罗斯总统普京举行会晤。

尼日利亚与印度有着悠久的贸易历史和密切的石油合作。早在1923年，就有印度公司在尼日利亚进行投资活动，涵盖了化工、纺织、电气设备等行业。尼日利亚是印度在非洲最大的贸易伙伴，两国双边贸易常年在100亿美元以上，印度近年来不断加码对尼日利亚的投资。早在20世纪60年代，印度就开展了与尼日利亚的石油合作，近年来随着两国建立战略和商业伙伴关系，尼日利亚成为印度重要的原油供给伙伴。2015年10月，布哈里总统出席在新德里举办的第三届印非峰会并发表讲话。

尼日利亚与巴西自20世纪60年代建交以来，两国关系主要集中在经贸和文化领域。尼日利亚和巴西在经济、商业、技术及文化、矿产品开发、热带农作物等领域有着广阔的合作前景。近年来，尼巴两国经贸关系发展迅猛，尤其是两国在能源领域的合作不断深入，尼日利亚现已成为巴西在非洲重要的商业合作伙伴。大多非洲裔巴西人的祖籍都可以追溯到尼日利亚，这给尼巴两国加强人文交流和文化合作提供了基础。2013年2月，巴西总统罗塞夫出访尼日利亚，并与乔纳森总统进行了会晤，双方同意在能源领域继续加强合作。

(三) 中尼关系的历史与现实基础

中国是享誉世界的文明古国,而尼日利亚同样也是非洲的文明古国,早在两千多年前就创造了自己的文化,享有"黑非洲文化摇篮"的美誉。悠长的文化积淀是两国人民共同的精神财富和历史回忆。除此之外,两国拥有相同的历史遭遇,大航海时代以来,中国和尼日利亚都长期遭受帝国主义和殖民主义的侵略和掠夺,两国都有过反帝反殖民的斗争经历,在尼日利亚人民争取民族独立和自主发展的斗争中,中国给予了大量的无私支持和援助,这是两国关系的历史烙印。中国和尼日利亚作为世界第一大发展中国家和非洲第一大人口国家,面临许多相同的发展问题,肩上都扛着发展经济的艰巨任务。两国经济具有很大的互补性,双方的经济合作前景广阔,中国的发展需要尼日利亚的能源和市场,尼日利亚的发展离不开中国的技术、投资和发展经验。中尼两国在维护世界和平与发展,推动南南合作,维护发展中国家利益方面具有广泛的共同利益,同时,双方在人权等许多重大议题上具有相似的看法。同样艰巨的历史使命、坚实的政治基础和经济上的互补性是两国关系的现实基础。

1. 中尼关系的历史烙印

中国和尼日利亚同为文明古国,囿于山高水远,两国直到近代才有直接的接触交流,长期遭受帝国主义和殖民主义侵略和掠夺的相同历史遭遇是两国人民的共同回忆,在尼日利亚实现自身民族解放的过程中,中国人民给予了大量无私的援助,这是两国关系的历史烙印。

(1) 中国和尼日利亚都拥有古老文明

中国是拥有 5000 多年灿烂文明史的东方大国,享誉海内外的长城,举世闻名的紫禁城,都是这个古老文明的脚注。尼日利亚被誉为"黑非洲文化摇篮",其民族史可以追溯到石器时代。在尼日利亚西南部的伊沃俄勒鲁(Iwo Eleru)发现的古老的骷髅骨,其时间可以追溯到 11000 年前;在东部的乌克屋(Ukwu)、西部的伊费(Ife)和中部的诺克(Nok)等地陆续发现的考古遗迹证明尼日利亚文明拥有悠长的历史;尼日利亚境内活跃的约鲁巴语、埃多语、伊乔语、瓦格里语、努佩语和伊博语等语言至少使用了两千多年,由此可见尼日利亚文化的古老悠久。考古证据显示在公元前 500 年到公元 200 年间,中部的诺克地区就已经存在村落,并孕育出铁器时代的文明;东部乌克屋出土的铜器则证明早在公元前尼日利亚东部地区就已经存在人类社会。这些古老文明不断发展，最终演化成遍布尼日利亚的王国和城邦，直到英国殖民者的到来破坏了尼日利亚文明的自然发展进程。

（2）中尼两国有相同或相似的历史遭遇

1840年的鸦片战争中，英国侵略者用坚船利炮撬开了中国的大门，战争以中国失败并割地赔款告终，中英双方签订了中国历史上第一个不平等条约《南京条约》，中国开始向外国赔款、割地，逐渐丧失了独立自主的地位，开始沦为半殖民地半封建社会。这之后100余年的悲惨历史是中国人民难以忘却的民族记忆，中国人民饱受帝国主义和殖民主义侵略和压迫的历史遭遇使得日后中国坚决支持非洲人民的民族解放事业。

位于西非东南部的尼日利亚，在19世纪末20世纪初尚未形成一个统一国家时，就被英国殖民者侵略和征服。英国对尼日利亚的侵略和殖民始于贸易的开展，16—18世纪，英国商人加入了其他欧洲商人的队伍，用枪支和奢侈品交换尼日利亚的棕榈油。英国政府积极支持英国商人在尼日尔河三角洲地区展开贸易，并且鼓励他们深入内陆探险。为了自身的商业利益，英国人在1851年利用尼日利亚各个部落的内外矛盾，以武力的方式袭占了拉各斯，用坚船利炮迫使拉各斯地区的约鲁巴人酋长签订条约，后者承诺禁止奴隶贸易，鼓励与英国的合法贸易并保护传教士，这让英国人在尼日利亚站稳了脚跟，并在十多年后将拉各斯变为英国在尼日利亚的第一块重要殖民地。英国人以拉各斯为基地向尼日利亚南部开进，用传教士和枪炮为殖民者开拓领地。英国在尼日利亚南部和北部都有保护国，并于1914年将两者合并，由此形成了现在的尼日利亚，由拉各斯执政机关代为管辖。英国的殖民入侵给尼日利亚人民带来了深重的苦难。英国政府采取了间接统治和区别统治的方法来管理尼日利亚本地族群，在不同民族地区采取不同的管理方法。各个地方的土著酋长成为英国人的傀儡，完全维护英国殖民者的统治。英国根据自身利益强行划分的行政区域和区别统治的统治策略，强化了不同民族地区的差异，为日后尼日利亚的团结发展之路人为设置了障碍。在经济方面，英国殖民者促使尼日利亚从传统的自然经济向商品经济转变，目的就是剥削尼日利亚的经济，他们开发经济作物，开拓矿产资源，可可、花生、橡胶、棉花成为尼日利亚农业经济的基础。所有这些商品都被海上贸易运到了欧洲的工厂之中。尼日利亚被英国强行拖入了资本主义世界经济体系，单一经济结构和出口导向经济使尼日利亚更加依赖宗主国和国际市场，使其至今仍难以摆脱以初级产品换取西方工业制成品的被动局面。

虽然尼日利亚这个国家是由英国殖民者人为构建

的，但是在100多年的殖民统治期间，尼日利亚人民丧失了尊严和自由，遭受到了帝国主义和殖民主义空前的压迫和掠夺，曾经光辉灿烂的尼日利亚沦为了英国的原料供给地和商品倾销地。英国分而治之的殖民策略加剧了尼日利亚各民族之间的发展不平衡和紧张关系，这些苦果至今还在不断折磨着尼日利亚人民。

这些惨痛的历史回忆和中国人民的历史遭遇何其相似，殖民者步步蚕食、盘剥压榨的殖民手段是两国人民共同的历史遭遇，而反抗殖民压迫，争取民族解放则是两国人民共同的革命历程，这是中尼两国关系中的历史烙印。中国人民在中国共产党的带领下，经过了艰苦卓绝的武装斗争，终于翻过了帝国主义、封建主义、官僚资本主义三座大山，迎来了自由和解放；而尼日利亚人民同样在以纳姆迪·阿齐克韦（Nnamdi Azikiwe）为代表的民族主义者的带领下，寻得了自身的民族独立和自由解放。

（3）在争取政治独立和自主发展中两国相互支持

中华人民共和国成立以后，中国的领导者基于自身的历史实践经验和当时的世界格局，开始探寻新的对外交往合作道路，这时正在努力争取自身民族解放的非洲大陆引起了他们的注意。毛泽东曾在1951年指出，"整个亚洲和北部非洲的民族解放斗争蓬蓬勃勃地起来了"，中国人民要"好好地和一切人民民主国家团结一致，好好地和世界上一切同情我们的民族和人民团结一致"。从那时起，非洲民族解放运动就和中国革命和建设的外部环境联系起来，中国政府希望同非洲国家发展事务性的关系，以增进互相的接触和了解，并创造建立正常关系的有利条件，中国逐渐重视起和非洲大陆建立正常的接触和了解渠道。万隆会议之后，中国外交团队和来自非洲撒哈拉以南地区的国家有了直接且实质性的接触，为随后的中非交往打开了大门。通过与非洲国家的交流，中国了解到非洲大陆民族解放运动的蓬勃发展现状，中国宣告坚定而真诚地支持非洲民族解放运动。中国对尼日利亚的政治独立和民族解放给予了坚定的外交支持，1971 年 2 月 10 日，中尼两国成功建交，在 8 个月后的联合国大会第 26 届会议就"恢复中华人民共和国在联合国组织中的合法权利问题"表决过程中，尼日利亚坚定地投出了赞成票。值得注意的是，尼日利亚和中华人民共和国的国庆日同为 10 月 1 日，虽然关山遥远，但是两国人民会在同一个时间庆祝祖国的独立和解放，这既是一种巧合，亦是两国人民友好交往的脚注。

2. 中尼关系的现实基础

中尼两国面临相同的发展任务，中国是世界第一大发展中国家，尼日利亚是非洲大陆第一人口大国，两国肩上都扛着艰巨的发展任务。两国经济结构具有明显的互补性，双方合作前景广阔，两国在多个重要议题上具有相同的立场和利益关切。同样艰巨的历史使命，坚实的政治基础和经济上的互补性是两国关系的现实基础。

（1）中尼两国面临相同的发展任务

习近平总书记在庆祝改革开放40周年大会上的重要讲话中指出："必须坚持以发展为第一要务，不断增强我国综合国力。"中国共产党要带领14亿多人民全面建成小康社会，就必须牢牢紧扣经济建设这个中心，毫不动摇地坚持发展才是硬道理。中国共产党肩上扛着中华民族伟大复兴的历史使命，这就要求中国必须要坚持以发展为第一要务，为这个目标奠定雄厚的物质基础。尼日利亚是非洲第一人口大国，悠久的文化和庞大的人口规模使得尼日利亚拥有与生俱来的大国意识，使其渴望扮演与其先天禀赋相匹配的角色，在非洲大陆上背负更大的责任。加快发展、改善民生、谋求国家发展繁荣的共同任务把中尼两国更加紧密地联系在一起。

（2）中尼两国经济上的互补性

中国与尼日利亚同为发展中大国和人口大国，都拥有规模庞大的消费市场、丰富的自然资源和巨大的发展潜力，两国的经济互补性明显。尼日利亚是一个以石油出口为经济支柱的资源型国家，而中国尚处于对油气资源需求量较大的高速发展阶段；两国间明显的产业结构差异也为两国贸易合作的进一步发展奠定了良好基础。尼日利亚拥有庞大的人口规模，蕴藏着巨大的消费潜力，而3C类电子产品、家电产品、服装等均是中国的优势产业；尼日利亚国内发展需要道路、水、电等基础设施的跟进，而中国又是一个基建大国。两国经济结构上的互补性为两国发展双边贸易打下了基础。

21世纪以来，中尼两国之间的双边贸易额增长迅速，其中中国从尼日利亚的进口额从2003年的0.7亿美元增长到2018年的18.6亿美元，十余年间增长了26.6倍；中国对尼日利亚的出口也从2003年的18.6亿美元增长到了2018年的134.1亿美元，增加了6.2倍。中尼两国的双边贸易虽然起步较晚，但增长十分迅速，尤其是2000年第一届中非合作论坛顺利举办和2006年中尼双方签署《关于建立战略伙伴关系的谅解备忘录》后，中尼两国的政治关系进一步巩固发展，中国在尼日利亚的投资不断扩大，经贸合作蓬勃发展，合作范围不断扩大，项目规模显著提高，这为两国间贸易额的不断增长奠定了基础。

（3）中尼两国坚实的政治基础

中尼两国关系是在和平共处五项原则基础上建立

并发展起来的，建交近50年来，两国关系经受住了各种考验，保持了稳定发展，始终显示出旺盛的生命力，这和坚持和平共处五项原则是分不开的。在推动世界和平发展，推动南南合作、维护发展中国家权益等方面两国具有广泛的共同关切，在维护全球多边主义重要议题上两国具有相似的观点。中国不干涉别国内政的外交政策颇受尼日利亚欢迎，尼日利亚铁路总公司前总裁依路奎曾经说过："从政治上，中国是尼日利亚强大和可靠的朋友。中国不干涉我国内政，鼓励我们自己去解决自己的问题。"中国坚守外交原则的做法为中尼关系平稳发展奠定了政治基础。

（四）中尼战略伙伴关系的确立和发展

中尼两国自建交以来双边发展较为顺利，2005年，中尼两国元首就双方建立战略伙伴关系达成共识。2009年两国举行首次战略对话。

1. 中尼建交背景

1956年中国与埃及建交，开启了中国与非洲和阿拉伯国家建交的高潮。与撒哈拉以南非洲地区不少新独立的国家相比，中国与尼日利亚建交的时间要相对晚一些，主要原因是：一方面，尼日利亚独立前后一直追随西方，对社会主义国家采取敌视态度。根据现有的文献，两国关系可追溯到尼日利亚独立之前。1957年，中国驻埃及使馆的商务官员同尼日利亚、加纳、埃塞俄比亚和坦葛尼喀（现在的坦桑尼亚）的官员一起建立了各国间非官方的贸易关系。另一方面，20世纪50年代尼日利亚最著名的女社会政治活动家兰索迈·库蒂私下访问柏林和北京，并分别出席"世界和平大会"和"妇女国际民主联合会"的会议。英国殖民当局对此非常恼火，并拒绝了库蒂更新护照的申请，引发尼日利亚和欧洲新闻界的轰动。1958年尼日利亚众议院对此也表达不满。当时尼日利亚政府的核心思想是要阻止共产主义和共产主义思想渗透到尼日利亚。所以，尼日利亚同社会主义国家和中国的一切交往均被加以制止或限制。在当时的历史背景下，仍有一些较为激进、倾向社会主义的尼日利亚人，如知识分子、工会领导人和记者不断批评政府不允许同社会主义国家交往，并设法访问社会主义国家。

相较于西非其他国家，尼日利亚与中国建交的时间并不算早。这主要是因为尼日利亚在独立初期采取了以意识形态划线的政策，防止共产主义思想渗入尼日利亚。当联邦政府意识到该立场与历史潮流格格不入时，逐步调整了外交政策走向。1971年2月10日，尼日利亚与中国建立外交关系。两国的建交公报指出，

"中国政府和人民坚决支持尼日利亚政府和人民以及整个非洲人民,反对在非洲的帝国主义和新、老殖民主义,维护所有非洲人民的民族独立、国家主权和领土完整的斗争。尼日利亚联邦共和国政府承认中华人民共和国政府为代表全中国人民的唯一合法政府。两国政府决心致力于反对世界上帝国主义和反动势力的斗争。"[①] 尼日利亚在当年 10 月 25 日联大恢复中国合法席位的表决中投了赞成票,给予了中国宝贵的支持。中华人民共和国和尼日利亚联邦共和国自 1971 年 2 月 10 日建交以来,双边关系稳步发展,两国高层来往不断。

2. 建交后中尼关系的发展

建交后中方对尼访问的重要领导人有:国务院副总理耿飚(1978 年 10 月),黄华(1981 年 11 月),田纪云(1984 年 11 月),吴学谦(1990 年 3 月),副总理兼外长钱其琛(1995 年 1 月),国务委员兼国务院秘书长罗干(1996 年 9 月),国务院总理李鹏(1997 年 5 月),江泽民主席特使、国务委员司马义·艾买提(1999 年 5 月),外交部部长唐家璇(2000 年

---

① 《关于中华人民共和国政府和尼日利亚联邦共和国建立外交关系的联合公报》,中国外交部网站:https://www.fmprc.gov.cn/web/gjhdq_676201/gj_676203/fz_677316/1206_678356/1207_678368/t4875.shtml。

1月），国家主席江泽民（2002年4月），全国人大常委会委员长吴邦国（2004年11月），外交部部长李肇星（2006年1月），国家主席胡锦涛（2006年4月），胡锦涛主席特使、全国人大常委会副委员长许嘉璐（2007年5月），外长杨洁篪（2010年1月），胡锦涛主席特使、工业和信息化部部长李毅中（2010年10月），胡锦涛主席特使、铁道部部长盛光祖（2011年5月），全国人大常委会委员长张德江（2013年9月），国务院总理李克强（2014年5月），习近平主席特使、农业部部长韩长赋（2015年5月），外交部部长王毅（2017年1月），习近平主席特使、中共中央政治局委员、中央外事工作委员会办公室主任杨洁篪（2019年9月）等。

尼方访华的领导人主要有：国家元首戈翁（1974年9月）、副总统埃奎梅（1983年3月）、陆军参谋长巴班吉达少将（1984年9月）和阿巴查中将（1989年10月）、国防参谋长阿布巴卡尔少将（1997年7月）、总统奥巴桑乔（1999年4月、2001年8月和2005年4月）、参议长安伊姆（2001年12月）、副总统阿提库（2002年7月）、参议长瓦巴拉（2004年10月）、众议长马萨里（2006年3月）、总统亚拉杜瓦（2008年2月）、外长阿朱莫戈比亚（2010年8月）、众议长坦布瓦尔（2012年9月来华出席世界产业领袖大会)、外长阿希鲁(2012年7月来华出席中非合作论坛第五届部长级会议)、总统乔纳森(2013年7月来华进行国事访问)、参议长马克(2014年5月)、外长瓦利(2014年8月)、总统布哈里(2016年4月来华进行国事访问,2018年9月来华出席中非合作论坛北京峰会)等。[①]

两国高层来往密切,不断加强了两国人民之间的了解和友谊,带动了两国在政治、经贸、文化、科技和军事等各领域开展密切的合作,推动两国关系不断提升到新高度。

3. 中尼战略伙伴关系的不断提升

2005年,两国元首就双方建立战略伙伴关系达成共识,2006年1月签署的《中华人民共和国和尼日利亚联邦共和国关于建立战略伙伴关系的谅解备忘录》正式确立了两国的战略伙伴关系,中国在2017年签署的《中华人民共和国政府与尼日利亚共和国联邦政府联合声明》重申积极致力于全面发展中尼战略伙伴关系。中尼两国战略伙伴关系的确立为中尼关系的发展奠定了新起点。两国政治关系、经贸来往、人文交流、军事合作不断迈入新阶段。

[①] 资料来源:中国外交部网站,https://www.fmprc.gov.cn。

(1) 两国关系正处于历史上最好时期，高层交往日益密切

2015年9月，国家主席习近平在纽约出席联合国成立70周年系列峰会期间会见尼日利亚总统布哈里。12月，习近平主席在南非出席中非合作论坛约翰内斯堡峰会期间会见布哈里总统。8月，全国人大常委会委员长张德江在纽约出席第四次世界议长大会期间会见尼众议长多加拉。2016年4月11—16日，布哈里总统来华进行国事访问，习近平主席同其举行会谈，李克强总理和张德江委员长同其会见。2018年9月，布哈里总统来华出席中非合作论坛北京峰会，习近平主席和李克强总理分别同其会见，随后中尼双方在北京签署《中华人民共和国政府和尼日利亚联邦共和国政府关于共同推进丝绸之路经济带和21世纪海上丝绸之路建设的谅解备忘录》，标志着尼日利亚正式参与"一带一路"倡议。

（2）两国的经贸来往日益密切，经济技术合作不断深入

中尼两国确立战略合作关系以来，双方签署了涵盖贸易、经济、技术、科技合作和投资保护等领域的协定，并设置了经贸联委会，为发展中尼双边贸易提供了保障。2018年4月，中国人民银行和尼日利亚中央银行在北京签署了中尼双边本币互换协议，为双边贸易结算提供了便利。截至2019年6月，中国企业累计在尼日利亚签订承包工程合同1171.8亿美元,完成营业额442.4亿美元。中国土木、中地海外、华为、中兴等20余家中国优质企业,在铁路、公路、房屋建设、电力、水利、通信等领域为尼日利亚建设发展提供帮助。中尼两国不断加强在基础设施建设、贸易、投资、能源、航天、农业、经贸合作区建设、房屋安全等方面的合作。[①]

(3) 两国的人文交流日益频繁,友好民意基础不断夯实

中国在尼日利亚拉各斯大学和阿齐克韦大学各设立了一所孔子学院,截至2018年年底,中国在尼日利亚共开设各类汉语及文化课程280余次,培养了注册学生1万余人,帮助尼日利亚青年了解中国文化,进一步推动了中尼两国在语言和文化等领域的交流合作。中国自1964年起向尼日利亚提供政府奖学金,资助尼日利亚青年学生来华求学,实现他们的中国求学梦,截至2018年,尼日利亚在华留学生共有6845名,其中政府奖学金获得者共512名。尼日利亚和中国分别于2012年5月和2013年9月在对方首都设立文化中心,尼日利亚中国文化中心坐落于阿布贾市区,是21世纪以来中国在撒哈拉以南非洲地区设立的第一个中国文化中心,文化中心经常为尼日利亚各类政府机构、

---

① 中国外交部网站,https://www.fmprc.gov.cn。

学校和民众提供各类文化艺术活动,为传播中华文化,促进中尼人文交流做出了重要贡献。近年来,双方频繁举办各层次文化交流活动,尼日利亚新闻和文化部部长赖伊多次访华并出席中国举办的"中非合作论坛文化部长论坛""第四届中国国际非物质文化遗产节"等活动。2019年5月,尼日利亚国家艺术和文化理事会主席伦塞维来华出席"亚洲文明对话大会"。

(4)中尼两军交往不断加深

中尼两军交往始于20世纪80年代,尼日利亚国防大学多次来华考察访问。21世纪以来,两军高层来往日益密切,为两国军队加深互相了解,发展两国防务合作提供了契机。2001年9月,中央军委副主席、国务委员兼国防部部长迟浩田上将访尼。同年7月,尼国防国务部部长阿德拉贾率团访华。2004年5月,尼国防部部长宽库瓦索率团访华。2007年4月,尼国防部部长伊龙西访华。2008年6月和2009年7月,尼国防部部长穆斯塔法两次访华。2009年4月,尼海军司令易卜拉欣访华。2010年11月,尼空军参谋长乌玛尔访华。2013年7月,中国国务委员兼国防部部长常万全上将会见随同乔纳森总统访华的尼代理国防部部长奥巴达。2014年5月,中国海军第16批护航编队访尼,与尼海军举行联合演练。2018年5月,中国海军第28批护航编队"盐城"舰访尼并参加第二届国际海事会议和地区海上联合演习。2018年10月，中国国务委员兼国防部部长魏凤和会见来华出席第八届北京香山论坛并访华的尼日利亚国防部部长丹·阿里。2019年7月，尼日利亚国家情报局局长阿巴卡尔访华。近年来，中尼两军高层交往和务实合作不断加深，中国在向尼日利亚提供力所能及的援助之外，还提供了尼日利亚军方人员赴华培训的机会，两军在防务和反恐能力建设、军事安全等领域的合作不断深入。

三 "一带一路"建设在尼日利亚的优势与进展

两千多年前，中国开辟了古丝绸之路，这一商业网络将亚欧大陆的两端联系起来。中国国家主席习近平在2013年9月、10月分别提出建设"新丝绸之路经济带"和"21世纪海上丝绸之路"的合作倡议，也就是"一带一路"倡议。这一倡议将给全球经济带来新的增长动力，包括增加投资、加强基础设施建设、促进产业合作等，也将促进不同国家和民族之间的交流以及不同文明之间的相互借鉴，共同推动世界和平与发展。

（一）"一带一路"与尼日利亚发展战略对接

"一带一路"倡议之所以吸引了越来越多国家的加入，主要在于其与对象国的发展规划实行对接，而不是中国单向发出的一个倡议。从尼日利亚的发展重点和中国的产业优势来看，二者不仅契合度高，而且可行性强。2017年4月，尼日利亚发布《2017—2020年经济复苏与增长计划》，对经济社会发展作出全面规划，涵盖农业与食品安全、能源、交通基础设施、工业化、投资等重要领域。2020年新年伊始，布哈里总统在致尼日利亚人的信中再次强调，基础设施、电力、安全等关系国家利益的领域是政府的施政重点，2020—2021年要完成的重点项目包括47条公路、重点桥梁、国际机场、城铁、电力等项目。① 上述领域与"一带一路"建设"五通"中的"设施联通"紧密相关，与中国在基础设施建设、装备制造方面的技术和资金优势也高度契合，在尼日利亚推进"一带一路"建设可谓恰逢其时。

（二）中尼共建"一带一路"的优势

（1）尼日利亚各方对"一带一路"认同度高

中尼两国于1971年2月10日建交以来双边关系发展顺利，并于2006年建立战略伙伴关系。近年来，在两国元首的关心和亲自参与下，中尼政治互信加深，

---

① Buhari, "2020-My Plan for Nigeria", https：//www. premiumtimesng. com/news/headlines/370706-2020-my-plans-for-nigeria-buhari. html.

两国关系正处于历史最好时期,为"一带一路"的建设奠定了坚实的政治基础。2018 年 9 月,在习近平主席和布哈里总统的共同见证下,两国在北京签署共建"一带一路"谅解备忘录,为推进"一带一路"建设提供了政策保障。在尼日利亚,无论是政府、企业,还是智库、学界,都对"一带一路"表示出高度认同,这主要是因为中尼务实合作的成果为尼日利亚经济社会发展和投资环境改善起到了至关重要的作用。在谈及中国对尼日利亚基础设施的贡献时,尼日利亚总统布哈里直言,"自我国获得独立以来,没有任何国家像中国那样帮助我们发展基础设施建设,并履行在基础设施发展方面对尼日利亚作出的承诺"[1]。尼执政党全体进步大会党核心成员恩达·以塞亚认为,"一带一路"建设是一项前所未有的、将中国与世界连接起来的多赢合作。众议院尼中关系委员会主席优素福·雅库布指出,随着尼日利亚加入"一带一路",解决贫困和失业这两个长期问题的前景将大幅明朗化。[2] 尼日利亚普通民众对"一带一路"虽不甚了解,但"看得见、摸得着"的合作成果(如铁路、轻轨等)给其

---

[1] 中非合作论坛:《尼日利亚总统布哈里高度赞赏中国支持尼基础设施建设》,https://www.focac.org/chn/zfgx/jmhz/t1531289.htm。

[2] 国际在线:《尼日利亚成为中非共建"一带一路"重要伙伴》,http://news.cri.cn/20190530/2b84a11c-23c3-554a-b559-742ca2244ece.html。

生活和工作带来了极大便利,因此对与中国开展"一带一路"合作抱有较高热情和期盼。

(2) 尼日利亚自然资源丰富、市场潜力巨大

从自然资源上看,尼日利亚是非洲第一大产油国、世界第十大石油生产国及第七大原油出口国,已探明的石油储量约371亿桶,居非洲第二位,世界第十一位。除油气资源外,尼日利亚其他矿产资源储备亦较为丰富,尚待开发。从人口规模上看,尼日利亚目前人口超过2亿。从人口结构上看,青年人口占比较高,15—54岁人口比例占总人口的50%,人口红利巨大。[①]从市场规模看,尼日利亚虽然有大量贫困人口,但中产阶级群体的规模与南非总人口大致相当,消费潜力十分可观。此外,作为西非国家经济共同体(西共体)的领头羊,尼日利亚不仅国内市场广阔,商品还可以辐射非洲内陆国家,并利用《非洲增长和机会法案》进入美国市场。2019年7月,尼日利亚正式签署《非洲大陆自贸区协议》,该自贸区旨在建立一个人员、投资和商品自由流通的单一洲际市场,最终形成的市场规模有望惠及12亿人口,国内生产总值达到2.5万亿美元。尼日利亚自身的经济发展潜力及参与非洲大陆自贸区的建设,将为中尼两国在"一带一

---

① 人民网:《非洲大陆自贸区建设正式启动》,http://world.people.com.cn/n1/2019/0709/c1002-31221330.html。

路"框架下开展经贸合作提供更为便利的条件和更广阔的市场。

（3）尼日利亚与中国的人文交流日益活跃

文化层面上，中尼两国在文学、影视、传统文化等多个领域均有广泛交流。尼日利亚文学作品在非洲独树一帜，"非洲现代文学之父"阿契贝、首位非洲诺贝尔文学奖得主索因卡等文学家的作品在中国受到欢迎。中国的影视剧被翻译成豪萨语在尼播放，受到民众欢迎，如电影《十二生肖》引发尼观众强烈情感共鸣，因两国都曾有追讨流失海外文物的相似经历，电影情节拉近了中尼民众的情感距离。设在首都阿布贾的中国文化中心，通过定期开展如摄影比赛、"武林风"、文化沙龙等系列活动，与尼民众在文化交流中增进互动，同时也为尼日利亚展示本国文化搭建宣传平台。

学术及教育层面上，中尼两国交流也日益活跃。2019年中国非洲研究院的成立，为中尼学术交流搭建了更广阔的平台，尼古绍研究所、中国研究中心、拉各斯大学、阿布贾大学等智库和高校的专家学者纷纷来华交流。2018年，在华的尼留学生共6845名，其中512名获政府奖学金。2010年以来，先后有20名中国大学生或研究生赴尼巴耶罗大学等高校短期学习豪萨语或进行非洲问题研究。截至2018年年底，中国在尼共开设各类汉语及文化课程280余次，培养注册学员1万余人。

此外，中尼人文交流的领域还在不断拓展，一些尼足球和篮球球员来到中国足球或篮球俱乐部效力，成为中尼人文交流的新生力量。总体来看，中尼两国人员往来活跃，在拉各斯、卡诺和阿布贾等地，约有6.5万华人，在广州、义乌等地也有不少尼商从事经贸活动，中尼两国人文交流日益丰富多彩，有助于增进双方了解和友谊，促进两国人民心心相通。

（三）中尼共建"一带一路"的主要领域和进展

中国与尼日利亚共建"一带一路"进展顺利。2020年，尼日利亚已经成为中国在非洲的第一大工程承包市场、第一大出口市场、第一大贸易伙伴和主要投资目的地国。双方合作涉及领域主要涵盖经贸、工程承包、能力建设、人文交流，合作成果丰硕。

1. 经贸合作

2019年，中国与尼日利亚双边贸易额达192.8亿美元，同比增长26.2%，在中国前40大贸易伙伴中增速排名第一。其中，中方对尼出口166.3亿美元，增长 24%，尼对华出口 26.5 亿美元，尼对华出口增长 43.1%，中国已成为尼日利亚最大贸易伙伴，并于 2012 年超越美国成为尼日利亚第一大进口来源国。2019 年中国对尼全行业直接投资额达 2.9 亿美元。

在中国"一带一路"倡议和国际产能合作战略的指引下，中国企业在境外投资建设的境外经贸合作区迅猛发展。中国在尼日利亚建有奥贡、莱基两个经贸合作区，经中尼双方共同努力，两个自贸区已经初具规模，现有从业人员近万人，间接提供了数万个就业岗位。两个自贸区涵盖了建材、陶瓷、家具、五金、医药、电子、食品饮料加工、农产品加工、包装印刷材料、汽车配件、轻工产品、生活日化等诸多行业。截至 2019 年第一季度，两个自贸区累计建设投资额已达 6.67 亿美元，在吸引中国企业走向尼日利亚的同时，也使得越来越多的"尼日利亚制造"成为可能，让这个西非大国为实现工业化梦想找到更多思路。

（1）尼日利亚莱基自由贸易区

尼日利亚莱基自由贸易区—中尼经贸合作区（以下简称"莱基自贸区"）是中国政府批准的国家级境外经贸合作区，同时也是中国在西非设立的首个自由贸易区，它坐落于尼日利亚经济首都拉各斯东南部的莱基半岛，占地 30 平方千米，距拉各斯市区约 50 千米，距拉各斯国际机场 70 千米，南临大西洋，北依莱基礁湖，地理位置优越，地势平坦，风景秀丽，是拉各斯着力发展的新兴卫星城市，也是当前尼日利亚发展最快的新区之一。莱基自贸区由中非莱基投资有限公司（由中国铁建、中非发展基金、中国土木和南京江宁经济技术开发总公司合资组建）与尼日利亚拉各斯州政府、尼日利亚莱基全球投资有限公司共同开发运营，是 2006 年中非合作论坛北京峰会的重要成果。经过 14 年的发展，莱基自贸区软硬件条件日趋完善，在开发建设、招商运营等方面都取得了显著的成绩。目前园区已经建成了成熟的区内交通路网和完备的供水供电设施，"一站式服务中心"和海关清算中心的投入使用大大提升了园区企业的运行效率，会展中心、警察局、医院等配套设施一应俱全，投资环境逐步提升。截至 2019 年第一季度，莱基自贸区注册企业数已达 138 家，涉及能源仓储、商用车组装、家具制造、服装生产、贸易物流、钢管生产、生活日化等多个行业，包括隆力奇、玉龙钢管、英国贝尔石油在内的中外著名企业在莱基自贸区投资入驻。

隆力奇尼日利亚莱基自贸区智能化新工厂经过两年多的建设，目前工厂主体已基本建成，即将进入安装调试阶段。面积 4 万余平方米的新工厂建成后，将为国际和国内优秀的品牌提供 OEM、ODM 代加工服务，并为隆力奇在非洲其他国家的分公司提供全方位的保障服务。尼日利亚已经成为隆力奇开拓国际市场的重要突破口。莱基自贸区凭借优越的投资条件吸引着越来越多的企业像隆力奇一样积极践行国家"一带一路"倡议，出海投资兴业。

（2）尼日利亚奥贡广东自由贸易区

尼日利亚奥贡广东自由贸易区是中国首批八个国家级境外经贸合作区之一，它位于尼日利亚西南部奥贡州伊格贝萨地区，紧挨尼日利亚经济中心拉各斯，距离非洲第一大港阿帕帕港55千米，到拉各斯国际机场直线距离仅30千米，地理位置优越。现由中非投资有限公司和奥贡州政府共同开发，规划总面积为100平方千米，合作期限为99年，是落实2006年北京中非高峰论坛倡议，促进中非经贸合作决定，加强中非贸易交流的具体体现，同时也是广东省实施"走出去"战略的重要平台。

奥贡自贸区着力于承接拉各斯经济贸易圈，发挥奥贡州在地缘、土地、劳动力等方面的资源优势，借鉴中国尤其是广东二十余年来的开发经验，致力于打造一个以制造业为主，集物流、研发、会展、生活于一体的综合卫星城。目前启动区2.24平方千米已基本开发完毕，园区内已实现通路、通气、通电、通水、通信和土地平整在内的"五通一平"基本保障。管理公司与园区职能部门合署办公，为入驻企业提供包括统一印刷、通关办理、金融支持在内的一站式服务；当地政府已在园区设置管理局、海关、移民局、国安局、警察局等一系列政府机构。园区内已建立完善的安全保卫机制，由中国退伍军人和当地安保人员施行24小时轮班保卫机制，确保园区安全稳定。截至2019年年底，奥贡自贸区已有超过60家注册企业，在建企业10家，涵盖陶瓷、造纸、钢铝、塑料、家具等各个行业，包括中国玻璃、旺康陶瓷、和旺包装在内的知名企业已入驻园区。

莱基自贸区和奥贡自贸区作为中尼双方落实共建"一带一路"倡议和国际产能合作的重要平台，在推动双方经贸合作方面发挥了重要作用。园区优渥的条件和齐全的配套措施为我国企业"走出去"提供了安全可靠的出海平台，同时，自贸区的开发在为尼日利亚提供大量就业岗位之外，也与尼日利亚多元化经济改革调整深度契合，有利于尼国民经济从过度依赖石油向多元化发展转变。两个自贸区日益成为尼日利亚吸引外资、加速国家经济结构改革和工业化进程的重要抓手和窗口式机遇。这些看得见、摸得着的合作成果，赢得了尼日利亚政府和民众的交口称赞，其对中尼合作建设"一带一路"抱有了更大热情。

2. 工程承包

多年来，尼日利亚稳居中国在非第一大工程承包市场的地位。2018年，中国企业在尼日利亚市场新签合同175份，新签合同金额170.1亿美元，同比增长48.2%，在全球市场中高居榜首；完成营业额40.5亿美元，同比增长30.4%。工程业务主要涉及交通设施建设、电力工程建设、通信工程建设等领域，占比分别为59.7%、23.1%和4.8%。主要参与工程承包的企业有中国土木工程集团有限公司、中国水电建设集团国际工程有限公司、中材建设有限公司、中国港湾工程有限公司、中国中材国际股份有限公司、华为技术有限公司、中地海外集团有限公司、中国水利水电第八工程局有限公司等。基于中国的优势和尼日利亚的迫切需求，中国在尼日利亚基础设施建设中大显神通，一批在非洲和西非次区域具有标杆性质的大型项目顺利建成或正在建设之中。

（1）莱基深水港

莱基深水港是由中国港湾工程有限责任公司参与投资和承建，中国进出口银行提供融资担保的重大基础设施建设项目，该港口坐落于尼日利亚拉各斯市莱基自贸区内，一期工程设计岸线总长680米，水深16.5米，防波堤长2.5千米，可停靠1.8万标准集装箱船，年设计吞吐量为120标箱。建成之后将成为尼日利亚第一个深水港，西非最大的深水港之一，并有望成为非洲地区的集装箱运输枢纽。

长期以来，西非最大城市、非洲第一大经济体尼日利亚经济中心拉各斯受限于各港区码头设施水平落后，港口运转效率低下，影响了尼日利亚的进出口贸易和经济发展。原有港口水深仅12—13米，只能停泊装载4000标箱的小型货轮；后方集疏运系统设施老旧，装卸效率低下，导致货物进出港时间长，费用增高。旧港位于拉各斯市区，没有进一步开拓空间，港口运输的拥堵加剧了拉各斯市区和港区的交通阻塞，严重影响了拉各斯的经济发展和人民日常的生活。拉各斯州政府早在2010年就开始为距拉各斯市中心以东60千米处的莱基地区建设深水港寻求国际支持。中国交建集团子公司中国港湾工程有限责任公司于2017年正式介入投资。莱基深水港由中国港湾、拉各斯州政府、尼日利亚联邦港务局及新加坡Tolaram公司共同投资建设，总投资额为10.43亿美元，中国港湾占比约52.5%，为项目最大股东。中国港湾全权负责港口建设具体事宜。规划共三期工程，一期建设两个集装箱泊位，水深16.5米，航道长度约为9千米。项目远期将建设1.6千米码头岸线，一个多用途泊位，三个集装箱泊位和一个拖轮泊位。

2018年3月，尼日利亚莱基深水港项目在拉各斯莱基自贸区举行了盛大的开工剪彩仪式。尼日利亚副总统奥辛巴乔，尼联邦交通部部长、拉各斯州副州长阿玛埃奇出席庆典活动。奥辛巴乔在仪式致辞中表示，莱基深水港项目将极大提升尼航运水平，对促进联邦政府的经济和增长计划（ERGP）发挥积极作用。"这是一个标志性工程，港口完全投入使用后，将成为撒哈拉以南非洲地区最大的港口。邻近港口以出口为主的莱基自贸区将直接从中受益。"阿玛艾奇部长表示，这是尼日利亚的第一个深水港，建成后，大型船只可以直接入港，确立尼日利亚的区域港口大国地位。非洲第一人口大国尼日利亚将结束没有深水港的历史。

2019年10月23日，莱基深水港项目融资协议签约仪式在拉各斯举行，中国港湾、中国国家开发银行（以下简称"国开行"）、拉各斯州政府、尼联邦港务局及新加坡Tolaram集团代表签署了有关协议。尼联邦政府港务局代表及尼日利亚传统领袖也出席了活动。中国港湾此轮获得国开行6.29亿美元商业贷款，标志着莱基深水港近十年的融资正式闭合，宣告了在尼日利亚首个由中国企业控股并由中国金融机构提供融资支持的最大港口项目落地，莱基深水港成为非洲大陆第一个由中国港湾提供投建营一体化服务的港口项目。签约仪式上，刚刚上任不久的拉各斯州州长巴巴吉德·桑乌鲁表达了对中国政府、中国驻拉各斯总领馆、中国港湾和国开行的感谢，并希望以莱基深水港的建设为契机，不断加深尼中两国的合作。中国港湾董事长林懿翀向与会各方郑重承诺在 30 个月内将莱基深水港建设完成并交付使用。作为投建营一体化在非洲的试点工程，莱基深水港的开发将采取 BOOT 模式，即建设—拥有—经营—转让的模式，特许经营期为 45 年。

2020 年 10 月，尼日利亚莱基深水港项目顺利完成首桩施工，为后续桩基的生产、运输等一系列工作打下了坚实的基础，标志着莱基深水港正式复工。项目团队克服尼国内疫情困难，积极投身项目复工建设，目前，莱基深水港疏浚工程已全面复工。

莱基深水港建成后，将为尼日利亚提供多达 17 万个工作岗位，预期盈利约 3610 亿美元，并为尼创收超过 2010 亿美元。除了直接的经济利益，莱基深水港还将大幅提高尼日利亚西部港口装卸效率，缓解拉各斯市区和港区的交通拥堵，降低尼日利亚进出口贸易成本。此外，莱基深水港还将带动后方莱基自贸区的建设，推动港区联动，加速尼日利亚联邦"三网一化"进程，促进地区一体化建设，为当地区域经济快速发展增添新助力。同时，莱基深水港也将为在尼中资企业营造更好的生产环境和便捷的物流交通，进一步促进中尼两国深度合作。

（2）凯菲路项目

尼日利亚凯菲—马库尔迪公路改扩建项目是由中

国港湾承建的道路改造扩建项目。2017年1月，中国港湾与尼日利亚联邦工程部、电力部及住建部签署项目合同，该项目规划在阿布贾—凯菲公路两侧重新修建两车道辅路，并对现有双车道的凯菲—阿宽加—拉菲亚—马库尔迪公路加宽至双向四车道。凯菲路项目是尼日利亚首个使用中国优惠买方贷款的公路项目，项目施工范围横跨尼日利亚联邦首都区、纳萨拉瓦州和贝努埃州。尼日利亚联邦工程部部长巴巴顿德·法拉什形象地称其为尼中友谊之路。

凯菲—马库尔迪公路是从尼日利亚首都阿布贾驱车前往纳萨拉瓦州的唯一道路，这条公路年久失修，道路狭窄，交通事故频频发生。而尼日利亚丰富的石油、煤炭等资源大部分分布于凯菲—马库尔迪公路项目沿线的尼中北部和东南部地区，但受限于道路交通条件的落后，大多没有得到开发。沿线居民早就期盼实现公路改造扩建。

2019年4月，尼日利亚凯菲—马库尔迪公路改扩建项目正式开工。中国港湾项目总部、参建的中交集团旗下第二公路局及第四航务局、尼日利亚联邦工程部、Etteh Aro & Partners 咨询公司出席了开工仪式。上千名当地群众在刚刚铺上的石子路面上欢快地跳起了尼日利亚民族舞蹈，表达内心的喜悦。凯菲项目全长221.8千米，主要施工项目涵盖路基、路面、桥梁、涵洞、绿化等，全线共设有 13 座桥梁、358 道涵洞、3 座人行桥，计划工期为 36 个月。

2019 年 6 月 7 日，正值中国传统节日端午节，纳萨拉瓦州新晋传统领袖阿巴加·东尼二世（Abaga Toni Ⅱ）到访凯菲路项目部，他身着庄严气派的装束表达了对项目部及中国节日的尊重，并与项目团队一起欢度端午节，促进了两国人民的人文交流。东尼二世作为加拉库的土皇（Emir of Garaku），是尼日利亚全国传统领袖和思想领袖联合委员会的成员。凯菲—马库尔迪公路改扩建工程项目二标段有 60% 的施工区域在其管辖范围内。东尼二世不仅为项目提供了将近 40 人的劳工，并且要求周边村庄负责人与项目部保持密切联系，提供安保帮助，这一举措为项目顺利推进提供了坚实保障。

凯菲—马库尔迪公路改扩建项目完工后，将极大缓解尼日利亚首都阿布贾至纳萨拉瓦州的交通压力，进一步增强联邦首都区与东部地区的联系，使阿布贾政治中心的影响力在东部进一步加大。工程建设过程需要大量水泥、沥青、钢材等建筑材料，许多本地企业将从中受益，项目还会给当地提供超过 2000 个工作岗位。同时，将便利沿线人员及物资来往，促进当地经济发展。

（3）宗格鲁水电站

宗格鲁水电站是尼日利亚在建的最大水电站。

2012年12月，由中国电工、中国水电组成"CNEEC-SINOHYDRO"联合体，与尼日利亚联邦电力部正式签署宗格鲁水电站EPC项目合同，合同金额约12.9亿美元。项目主体由中国水电委托中国水电八局与中国水电三局组成八三联营体负责具体实施。2013年9月，宗格鲁水电站项目优惠贷款协议成功签订，由中国进出口银行向尼日利亚政府提供优惠贷款。根据协议，中国进出口银行将向尼日利亚联邦政府提供合同金额75%的优惠出口买方信贷，用于宗格鲁水电站项目建设。宗格鲁水电站是非洲大陆使用中国进出口银行"两优贷款"规模最大的电站。

宗格鲁水电站位于尼日利亚尼日尔州宗格鲁镇东北的卡杜纳河上，距离首都阿布贾150千米，设计坝长2360米，坝高101米，库容114亿立方米，安装4台175万千瓦水轮机，装机容量为700万千瓦。项目建设包括大坝、进水塔、引水洞、输变电线路、地下厂房、进场道路及其他辅助设施工程。大坝兼具发电、防洪、灌溉、养殖、航运等多种功能，助力当地经济社会发展。大坝完工后，将在宗格鲁镇以上的卡杜纳河段形成50千米长的人工湖，这会大大改善库区的生态环境。项目建成后，将成为尼日利亚第二大水电站。

2013年5月，宗格鲁水电站项目在尼日尔州宗格鲁镇举行了隆重的开工仪式。时任尼日利亚总统乔纳森、尼日尔州州长、尼日利亚联邦电力部部长等尼政府官员出席了庆典活动。乔纳森总统在发言中表示，电力资源对尼日利亚的经济发展具有重要作用，宗格鲁水电站作为尼日利亚在建的最大规模的水电站，具有历史意义，他号召尼日尔州人民在未来几年里为该水电站项目的顺利施工提供帮助。他还强调水电站的开工将会给尼日尔州及周边区域带来巨大的就业机会并带动农业和旅游业的发展。尼日尔州州长阿里尤代表尼日尔州人民表示该州将全力支持宗格鲁水电站项目建设。早在1982年，尼日利亚联邦电力部就提出过在宗格鲁镇修建水电设施的计划，但是因为资金和技术的原因迟迟不能落实。尼政府各界感谢中电工和中水电组成联合体承包了这一工程。

2018年2月，经过一番坎坷，宗格鲁水电站大坝首仓碾压混凝土正式开碾，这标志着发电站项目主体工程正式开工，尼日利亚联邦电力部能源局副局长、咨询公司代表到场庆祝。宗格鲁水电站大坝设计为碾压混凝土重力坝，碾压混凝土用量多达200多万立方米，高峰期施工强度预计超过13.5万立方米/月。2018年11月，宗格鲁水电站项目进入建设高峰期，预计2021年能够建成发电。2020年10月宗格鲁水电站全面复工后，包括尼日利亚联邦电力部部长特别顾问、尼日利亚公共采购局局长在内的多个部委官员来到宗格鲁水电站工地看望项目团队，并称赞他们克服困难的勇气，期望宗格鲁水电站投产后能够为尼日利亚经济提供强劲动力。

宗格鲁水电站的施工对当地就业和建材行业的发展起到了很好的促进作用。施工期间，建设联合体积极推动项目员工本土化进程，雇用当地员工超过4000人，占比接近90%。项目部还在就业、基础设施建设、医疗教育等领域积极履行社会责任，并建立了与劳工部、员工工会三方协商的机制，获得了尼日利亚联邦政府劳动就业部颁发的卓越成就奖。

尼日利亚是非洲第一人口大国，但国内电力供应十分紧张，有超过55%的人口生活在无电的环境中，严重制约了尼日利亚的工业发展和社会进步。预计2021年建成发电并入尼日利亚国家电网后，宗格鲁水电站能够提供750兆瓦的发电量，相当于三峡大坝的1/32，能够满足两个像尼日利亚首都阿布贾这样的城市正常用电。宗格鲁水电站将增强尼日利亚国家电网的持续能力和稳定性，对改善尼日利亚电力供应紧张的局面起到十分重要的作用。

3. 能力建设

中国和尼日利亚通过开展建设鲁班工坊、开办官员研修班、实现卫星电视"万村通"等多种方式的合作，在深化两国人民之间友好情谊的同时，助力尼日利亚各层次人才能力建设，为中尼命运共同体建设提供了强有力的智力支撑和人才保障。

（1）尼日利亚阿布贾大学鲁班工坊

2018年中非合作论坛北京峰会上，习近平主席亲自擘画了"八大行动"的宏伟行动蓝图，其中能力建设的具体措施就是要在非洲设立10个鲁班工坊，助力非洲人民提升技能。为贯彻落实习近平主席的指示精神，2019年6月，天津市政府确定由天津中德应用技术大学与天津铁道职业技术学院共建尼日利亚鲁班工坊，并和尼首都阿布贾国立高等学府阿布贾大学合作，在阿布贾大学打造一个产学研结合，集教育创新创业于一体的平台。在工坊成立筹备阶段，阿布贾大学派遣教师来到天津进行实操培训，为了更好地进行教学，天津校方同时开发了12本英语教材，6个课程标准。尼日利亚校方、天津校方和相关企业克服疫情困难，在阿布贾大学完成了实训基地的搭建。疫情并没有阻挡住工坊成立的脚步，双方通过远程培训、邮寄、海运等多种方式紧锣密鼓地推进尼日利亚鲁班工坊的建设。

2020年10月27日，尼日利亚鲁班工坊启动仪式在线上举行，尼日利亚阿布贾大学和天津中德应用技术大学在"云"上进行了揭牌仪式。天津中德应用技术大学在阿布贾设立的实训基地占地800平方米，包括了电力系统化、通信工程、电工电子创新、电工电子基础四个实验室，用一个多月的时间海运了71台价值496万元的配套设备，能够进行电气电子工程专业的系统教学。天津铁道职业技术学院在阿布贾建立了占地180平方米的轨道交通学历中心，包含桥隧综合、运营管理、车辆工程三个实验室，并与中国土木尼日利亚公司合作在依都建立了配备有3个实训室和1个室外实训场的轨道交通培训中心，能够系统性地进行机械工程和土木工程的专业教学。

尼日利亚鲁班工坊的开设和运行，填补了尼日利亚轨道类应用型专业教育的空白，标志着中尼两国能力建设和教育科技领域合作迈向了新高度，将会为尼日利亚培育一大批专业技能人才，助力在尼中方企业和尼日利亚经济社会发展，为中尼命运共同体建设提供了强有力的智力支撑和人才保障。

（2）开办官员研修班，助力官员能力建设

2018年4月，由中国公安部、中国商务部主办，中国刑事警察学院承办的"2018年尼日利亚反恐能力建设培训班"正式开班。在开班典礼上，尼日利亚阿布贾市国家监狱总局指挥中心副主任瑜苏夫·艾米努高度评价了中国政府长期以来给予尼日利亚的援助和支持，并向中国政府、中国公安部、中国商务部及中国刑事警察学院能够在尼国内反恐形势日趋复杂的情况下，为尼日利亚反恐人员提供反恐能力建设的专项培训表示感谢。来自尼日利亚国家安全局、警察局、监狱局、移民局、公路安全局、消防局、民防总队、金融情报组织等29位尼方学员入班参训，他们希望能够通过此次培训增长知识，开阔视野，提升能力，为推动尼中两国关系友好贡献力量。

2020年8月，在中国驻尼日利亚大使馆推动下，为应对新冠肺炎疫情下中国与非洲在文旅领域遭受的困难和挑战，受中国文化旅游部委托，中央文化和旅游管理干部学院承办的尼日利亚后疫情时代文化和旅游发展研修班在线开班。此次研修班为推动中尼文化旅游深度发展搭建了新的平台，为中尼两国人民提供了交流契机，同时也为尼日利亚文旅官员创造了交流学习和加强能力建设的机会。来自尼日利亚新闻文化部、国家艺术和文化理事会、国家旅游开发总公司、青年旅游组织、国家移民局、国家文化政策学院、国家接待与旅游学院和部分旅游企业的负责人及阿布贾大学学者共41名尼方学员参加。尼新闻和文化部国际旅游司司长娜赖依表示，这次研修班的举办非常及时，将加强中尼两国文旅合作，促进双方建立友谊关系，对两国恢复旅游业有很大助力。

4. 人文交流

中尼两国人员来往密切，截至 2018 年年底，在华求学的尼留学生共有 6845 名，其中政府奖学金获得者 512 名，而中国在尼共开设各类汉语及文化课程 280 余次，培养注册学员 1 万余人。在此基础上，中尼两国不断深化人文交流合作，促成两国人民民心相通。

（1）卫星电视"万村通"，助力两国人民人文交流

"万村通"项目是中国国家主席习近平在 2015 年中非合作论坛约翰内斯堡峰会上提出的中非人文领域合作举措之一，旨在为非洲 25 个国家共 10112 个村落接入卫星数字电视信号，并向 20 万个非洲家庭捐赠机顶盒。

2019 年 1 月，尼日利亚"万村通"项目在尼日利亚首都阿布贾郊区帕杜玛村举行启动仪式，尼日利亚联邦新闻与文化部部长赖依·穆罕默德、参众两院新闻委员会主席、国家电视管理局和国家广播委员会负责人及当地传统领袖出席活动并一同为项目启动剪彩，杜玛村数百名村民载歌载舞，一片欢腾。这标志着"万村通"项目在非洲第一人口大国和第一大经济体的正式启动。未来，将有越来越多的尼日利亚乡村民众能够看到信号好、质量高、价格优的卫星电视节目。2019 年 10 月，由中国四达时代尼日利亚分公司援建、覆盖尼日利亚全国各地的"万村通"卫星电视项目全面竣工,它覆盖了尼日全国全部36个州及1个首都区,774个地方政府中有772个受援,惠及村庄1000个,受益家庭达2.3万户。1000多名维修技术人员接受了数字电视设备安装和维修方面的专门技能培训,他们将保证"万村通"项目设备在当地的长期可持续运营和使用。"万村通"项目使得偏远地区的民众能欣赏高质量的节目,农村儿童可获得更多的教育资源,还为当地民众获取信息打开了通向外界的窗口,帮助他们及时了解本地和国际上发生的重大事件,增加与外界进行人文交流的机会,有助于中尼两国人文交流,也对促进当地经济社会发展、增进人民福祉发挥积极作用。

(2) 孔子学院助力中尼两国青年人文交流

孔子学院是中国和尼日利亚进行人文交流合作的重要平台,在中非人文交流领域发挥了桥梁和窗口作用,在构建中尼命运共同体的过程中起到了重要的助推作用。中国目前在尼日利亚纳姆迪·阿齐克韦大学和拉各斯大学均设有孔子学院。

2008年3月,经中国教育部中外语言交流合作中心批准,尼日利亚首家孔子学院在纳姆迪·阿齐克韦大学正式成立,国内合作院校为厦门大学。它位于尼日利亚东南部阿南布拉州首府奥卡(Awka),本部下设两个孔子课堂和两个教学点。韦大孔子学院在尼日利亚影响深远，已成为中国在尼日利亚推广汉语的重要阵地，有力地推动了中国文化在尼日利亚的传播。韦大孔子学院成立十余年来，累计培养学生1.5万余人，选送了超过300名优秀学子前往中国留学，形成了校内对汉语和中国文化充满浓厚兴趣的氛围。2016年，纳姆迪·阿齐克韦大学孔子学院"尼日利亚中华文化研究中心"正式揭牌，将进一步推动中国文化在尼日利亚的传播，助力两国青年的人文交流。

拉各斯大学孔子学院是受尼日利亚当地民众邀请，通过拉哥斯大学和中国教育部中外语言交流合作中心申请成立的，2007年与北京理工大学签署合作协议，2009年正式挂牌招生，开始授课，截至2019年年底注册学员数7097人。2019年12月，拉大孔子学院在国际中文教育大会上荣获"全球先进孔子学院"的称号。拉大孔子学院在给当地人提供汉语教学的同时积极宣传中国文化，用丰富多彩的活动将相应的文化介绍融入其中，有效促进了中国文化在非洲的传播。

（四）中国土木在尼日利亚积极践行"一带一路"倡议

中国土木工程集团有限责任公司（以下简称"中

国土木")是中国铁道建筑总公司的全资子公司。中国土木2003年并入中国铁建前是国资委直接管理的196家中央企业之一,其前身为原铁道部援外办公室,组织实施了坦赞铁路的建设,老一代铁路援建者的汗水和鲜血凝结注入了中国土木的企业文化中,许多曾经参与坦赞铁路建设的亲历者后来陆续成为中国土木的领导骨干。中国土木1981年就已进入尼日利亚市场,并随后在当地注册成立了中土尼日利亚有限公司,已在尼国内有近40年的发展历程,是中尼合作的排头兵。近年来,中国土木在尼日利亚积极践行"一带一路"倡议,落实了阿卡铁路、阿布贾城铁、阿布贾机场新航站楼、尼日利亚交通大学等一批重要合作项目,为构建中尼命运共同体做出了突出贡献。

(1) 阿卡铁路

阿卡铁路是尼日利亚铁路现代化项目的旗舰工程,尼日利亚铁路现代化项目全长1315千米,从尼日利亚南部沿海城市拉各斯一直连通到北部重镇卡诺,合同总额为83亿美元。阿卡铁路是非洲首条由中国进出口银行提供优贷资金、采用中国铁路技术标准建设的现代化铁路,同时也是海外第一条中国标准现代化铁路。该铁路是中国土木与尼日利亚政府签署的尼铁路现代化项目分段实施的第一标段,合同金额约8.5亿美元,线路总长186.5千米,设计最高时速为150千米,途中共设9个车站，该项目北起首都阿布贾，南至工业重镇卡杜纳，途经尼日尔州和卡杜纳州，是尼日利亚国家铁路规划中的主骨架构成部分，也被寄予成为尼日利亚北部地区物资产品出海通道和延伸尼国内陆腹地运输通道的厚望。建成通车后，从阿布贾到卡杜纳的行程将从原先的6个小时缩短为不到两个小时，阿布贾、尼日尔州和卡杜纳州三地间公路交通拥堵的状况将大为改善，为人们的出行和货物的流通提供便利。

阿卡铁路于2013年2月19日正式开工，2014年12月1日全线铺通。2016年6月17日，阿卡铁路正式通车前举行试乘活动，来自施工方中国土木的100多名中尼员工及媒体代表参加了活动。当天的试乘路段仅为阿卡铁路的一部分。乘客们从阿布贾伊都站上车，一路向北，经过1小时的旅程，在卡杜纳州的杰莱站下车，短暂停留后返回。本次试乘活动列车运行时速为80千米左右，包括进站、购票、乘车、下车等，全部模拟正式运营流程。本次试乘的目的主要是让公司员工进一步了解与感受阿卡铁路项目情况，并为即将开始的正式运营积累经验。2016年7月26日，阿卡铁路正式通车运营，在通车庆典上，布哈里总统和尼参众议长、内阁要员及各地区"土皇"悉数到场，尼日利亚政府和人民对阿卡铁路的开通运营喜形于色，他们感谢来自中国的优惠性质贷款和中方企业的高效建设运营，帮助他们实现长久以来的现代化铁路之梦。布哈里总统在庆典上表示："阿卡铁路将成为联邦首都区和卡杜纳州之间的一条必不可少的交通要道，形成一条工农业发展和人力资源开发潜力巨大的经济走廊。"

实践证明，这条汇集了中国融资、中国标准、中国设计、中国施工、中国装备和中国运营技术支持的"全中国元素"现代化标准轨铁路赢得了尼中双方的认可。截至新冠肺炎疫情在非洲暴发，阿卡铁路已安全运营1300余天，累计发送旅客260多万人次，列车准点率高达99%，旅客满意度超过95%，安全、舒适、准时的特点让阿卡铁路成为尼日利亚当地人出行首选的交通工具。阿卡铁路建设过程中累计雇用当地员工16738人，间接为尼日利亚创造近15万个就业岗位，带动当地水泥、沥青、钢筋等建材行业蓬勃发展，这些实打实的惠民成果在尼国内有口皆碑。阿卡铁路是"一带一路"倡议在尼日利亚的重要成果，中方坚持互利共赢的原则，在建设运营过程中为尼日利亚铁路总公司（尼铁）提供全方位的运营技术支持，并通过传帮带、理论实践相结合或支持尼方人员来华培训等方式为尼铁培训了一大批稀缺的铁路建设运营人才。阿卡铁路在连通当地、促进经济发展、为民谋福祉的同时，也树立了中方负责担当的国际形象，增强了当地政府、社区和民众对中国的好感和认同。

尼日利亚各界高度重视阿卡铁路项目,从运营通车到安全运营300天、一周年、500天、两周年、900天、1000天等,尼日利亚都会举办各种形式的庆祝活动,布哈里总统多次出席相关庆典活动并强调阿卡铁路对尼日利亚的积极影响。截至2020年1月,阿卡铁路已经接待了来自尼日利亚社会各界数百个团体的集体参观,不少当地学校将阿卡铁路作为对学生开展科技现代化教育的实践基地。应群众出行需求和新铁路建设需要,尼铁从中国进口了一批机车。2019年10月,尼日利亚联邦交通部部长阿玛埃奇一行亲自赴华迎接新机车,2020年6月,这批机车成功抵达尼日利亚。受新冠肺炎疫情影响,2020年3月25日阿卡铁路暂时停运,2020年7月29日恢复运营,现出于防控疫情需要,每日开行4对旅客列车,一等座和二等座定员人数分别由原来的56人和88人减少为28人和52人。2020年10月,尼日利亚联邦执委会正式批准了12.08亿奈拉(318.7万美元)的阿卡铁路安保升级计划,用以加强保障阿卡铁路的安全运行。疫情结束后,阿卡铁路的出行频率有望从每天往返8次增加至14次。

阿卡铁路作为海外第一条中国标准现代化铁路,经受住了包括疫情在内的各种考验,取得了重要成果并产生了积极影响。阿卡铁路曾荣获中国建设工程鲁班奖、美国《工程新闻纪录》评选全球最佳工程奖、中国国家优质工程奖，中国土木荣获2019年尼日利亚最佳铁路施工企业荣誉。在阿卡铁路的示范作用下，中国土木承包的尼日利亚铁路现代化项目的第二标段，连接尼日利亚最大港口城市拉各斯和西南工业重镇伊巴丹的西非首条中国标准双线铁路——拉伊铁路已于2017年3月7日正式开始动工，目前正在紧锣密鼓地有序施工中；连接科吉、埃多、三角洲三个州的尼东部交通大动脉——中线铁路由中国土木承担修复改造工程，也已在2020年9月开通运营。以阿卡铁路为代表的现代化铁路工程将尼日利亚过去遥不可及的连通南北之梦变得触手可及，生动形象地诠释了习近平主席提出的"正确义利观"理念，为"一带一路"倡议在尼日利亚生根发芽，开花结果打下了坚实的基础。

（2）阿布贾城铁

阿布贾城市铁路是西非地区第一条城市轻轨，该项目由中国土木承建并负责前期运营，2007年5月25日正式签约，2008年正式动工，2018年7月12日正式开通运营，前后历时十载，经历尼日利亚四届政府，十个项目团队，这条城铁汇集了中尼双方无数人的心血，是中非合作论坛约翰内斯堡峰会召开以来取得的重大合作成果。2018年9月5日中非合作论坛北京峰会上，习近平主席会见尼日利亚总统布哈里时，布哈里专门当面感谢中方帮助，让尼日利亚拥有了西非第一条城铁，它充分体现了中国技术、中国质量和中国速度。

阿布贾城铁全线采用中国铁路标准，设计总长77.78千米，一期工程约45千米，设计最高时速100千米，包含Lot1A和Lot3两条线路，13个车站连接了阿布贾市中心、阿卡铁路和阿布贾机场航站楼，是阿布贾综合立体交通体系的重要一环。尼日利亚是非洲第一人口大国，人口超过600万的阿布贾又是非洲地区人口增长最快的城市，城铁的建成通车不仅改善了尼日利亚首都地区的交通状况，也推动了城市的不断发展扩容，对促进尼日利亚首都圈经济和城市化发展具有重要意义。

十年呕心沥血，阿布贾城铁项目建设经历了从无到有，从荒芜之地到都市模样的艰苦奋斗。2007年5月7日，时任尼日利亚总统奥巴桑乔亲自为城铁奠基，测绘及公路等前期工程随即开始，项目团队历经了资金短缺的一波三折，在与地方政府不断地磋商和讨论中克服了诸多困难，保质保量完成了任务，赢得了包括尼日利亚政府高层在内的尼日利亚民众的普遍赞扬。

2018年7月12日上午，阿布贾城铁一期正式通车运营，市中心中央商务区街道两旁彩旗飘扬，通车庆典暨剪彩仪式在此隆重举行。布哈里总统与首都地区部长贝洛、交通部部长阿玛埃奇等5位政府部长，卡杜纳州州长埃尔鲁法伊等4位州长，执政党主要成员，参众两院议员代表和中方有关人员出席庆典活动。布哈里在致辞中强调交通对尼日利亚发展的重要性，并着重感谢来自中方的帮助，还亲自为阿布贾城铁项目题词并主刀剪彩。布哈里总统一行亲自试乘了第一趟城铁，并到阿布贾城铁运营控制中心大厅参观。

根据合同协议，中国土木负责阿布贾城铁为期3年的运营服务，往后的管理和维护工作将交给尼方负责。为此，中国土木在项目还未竣工时就已经在培育当地的管理和技术人员，中方留下的不仅是一条城铁，还将留下一支现代化铁路建设和轨道交通管理及运营的铁军，最终帮助尼方实现在交通设施领域的自我管理，自我建设，自我发展。在阿布贾城铁建设过程中，中方企业为当地提供了超过3000个就业岗位，并为许多村庄修建了道路、足球场等，改善了村民的生活水平，做了大量社会公益，赢得了民众支持。项目通车后，将进一步为阿布贾地区提供数以万计的相关就业岗位，助力当地经济社会发展。

尼日利亚各界普遍对阿布贾城铁项目给予高度评价。不少频繁往返于欧洲大城市的尼日利亚商人感慨自己的家乡也正在成为一个新兴的现代化城市。尼联邦首都地区部长贝洛对中方为阿布贾基础设施建设和完善城市交通网络做出的积极贡献十分肯定。阿布贾城铁建成通车后，每一天的客流量都爆满，以前要换好几次的通勤行程变成了又快又舒服的城铁，民众好评如潮。为了表达对中方企业和中国政府的感谢，阿布贾城铁项目所属的吉瓦地区（JIWA）酋长委员会一致同意授予原阿布贾城铁项目经理孔涛为吉瓦地区酋长，封号为WAKILIN AYYUKA，寓意为吉瓦地区的工程领袖。阿布贾城铁项目作为合作共赢的典范，为中尼友好合作树立起一座丰碑，并通过在建设和培训过程中与当地民众的互动交往建立起一份份友谊和师谊，为中尼人文交流和构建中尼命运共同体贡献了力量。

（3）阿布贾国际机场新航站楼

2018年年底，阿布贾国际机场新航站楼建成。阿布贾纳姆迪·阿齐基韦新航站楼是西非地区最大的航站楼，位于尼日利亚首都阿布贾，通过一条60米长的空中连廊与阿布贾城铁相连，建筑面积为58805平方米，年发送旅客450余万人次，设计年接待旅客量1500万人次，拥有66个值机柜台，5个行李转盘，28个入境移民检查口，16个离境移民检查口。该项目由中国土木与尼日利亚航空部于2012年12月28日正式签约，中国进出口银行提供优惠贷款支持。项目主要包括1座建筑面积约5.6万平方米的4层现代化客运航站楼、两层货运航站楼和两万平方米的停机坪以及相关配套工程。一期工程于2014年3月1日正式开工建设，经过项目团队4年9个月的艰苦奋斗，2018年11月30日完成了基本建设和设备调试，2018年12月11日通过了尼日利亚各方组成的联合验收组的验收，中方企业再度用行动证明了中国速度和中国质量。

2018年12月20日，阿布贾国际机场新航站楼举行启用仪式，尼总统布哈里、联邦政府秘书穆斯塔法、外交部部长奥尼亚马、联邦首都区部长贝洛、航空国务部部长斯瑞卡、新闻文化部部长赖伊、劳工部部长恩吉基、卫生部部长阿德沃勒、司法部部长卡拉米、参议院航空委员会主席、众议院航空委员会主席和地方传统领袖等各界人士400余人参加。驻尼日利亚大使周平剑应邀出席。布哈里在讲话中诚挚感谢中国政府和人民为阿布贾国际机场新航站楼建成启用提供融资支持和其他帮助，感谢中国土木及时完成并交付这项工程，表示尼政府致力于推进包括航空领域在内的基础设施建设。布哈里总统还亲自剪彩揭幕，并步入新航站楼参观视察。面对现代化的设施和宽敞明亮的建筑，总统欣然提笔签字留念。

新航站楼于2019年1月6日正式开启试运行，舒适的环境、完备的配套设施和高水准的服务，充分展现了西非大国的形象和尼政府致力于打造航空共同体的决心，必将引导更多的国际航空公司入驻，为实现"非洲区域航空枢纽"的目标向前迈进一大步。城铁和航站楼换乘的无缝对接，标志着阿布贾地区"机场＋城铁＋铁路＋公交"综合立体交通体系的成功落地，为尼日利亚人民出行提供了完美解决方案，势必对尼日利亚首都区域经济社会发展提供强劲动力。

在阿布贾新航站楼建设过程中，中方企业不仅为当地提供了大量工作岗位，培训了各工种的技术工人，还为当地援建了残疾人关怀学校、友谊小学和停车场等便民设施，有力地促进了中尼两国人民的友好交往。阿布贾新航站楼以优美的设计和精湛的施工质量成为尼日利亚首都的窗口和名片，备受尼日利亚各界关注。作为一座西非最具现代化水平的国际航站楼，它将作为阿布贾地标性建筑物之一，向南来北往的全球旅客展示中国制造的水准和中尼合作的成功。

（4）尼日利亚交通大学

2010年中非合作论坛约翰内斯堡峰会上，中国国家主席习近平承诺支持非洲国家建设5所交通大学，中国土木一马当先，为落实中非合作"八大行动"中的"能力建设"，2019年12月，中国土木在尼日利亚北部卡齐纳州的道拉正式启动尼日利亚交通大学建设。尼日利亚总统布哈里，尼联邦交通部部长阿埃玛奇，科技部部长奥诺，电力部部长玛姆门，教育部国务部部长奥初诺，卡齐纳州州长玛萨瑞，卡诺州州长甘杜杰和部分国会官员出席启动仪式。

道拉是布哈里总统的故乡，他在致辞中感谢中国政府和中国土木为尼日利亚带来了非洲第一所交通大学，期待中国土木按时高质量交付项目，造福尼日利亚人民，推动尼中关系持续发展。他强调这将提升尼日利亚技术技能和管理能力，为尼日利亚交通系统的创新铺平道路，创造更多的就业机会。交通部部长阿埃玛奇表示，随着尼铁国家现代化项目的推进，阿卡铁路、拉伊铁路需要大量的专业交通技术和管理人才，尼日利亚交通大学将促进尼日利亚成为非洲铁路运输和发展的主要核心。尼日利亚交通大学是中国土木实施尼日利亚铁路现代化项目的配套工程，中国土木将根据尼联邦交通部的要求，向尼日利亚交付高质量的大学校园，并在部门课程上与大学开展合作，为尼日利亚铁路现代化项目等铁路建设项目提供人才支撑。

2019年9月，中国土木与长安大学签署协议，约定双方共建尼日利亚交通大学。尼日利亚交通大学建成后，有望为尼日利亚培养大量交通和铁路工程领域的专业人才，填补相关领域的知识和技术缺口，为尼日利亚经济发展创造新机遇。

四 "一带一路"建设在尼日利亚面临的挑战

面对"百年未有之大变局",处于"大写意"向"工笔画"转型期的"一带一路"建设仍面临诸多挑战,加强对风险挑战的研判,做到防患于未然,对于"一带一路"建设至关重要。就尼日利亚而言,"一带一路"建设在该国面临的挑战主要有以下四个方面。

(一)尼日利亚非传统安全问题突出

项目实施、经贸开展以及人员往来的基本前提即社会安全稳定,这也是评价一个国家营商环境的重要指标之一。"一带一路"建设在尼日利亚推进过程中面临的最突出的挑战即地区武装力量对经济安全造成的破坏,主要包括:东北部的"博科圣地"的恐怖活动、中部地带的农牧民冲突、南部产油区尼日尔河三角洲的动荡、东南部的民族分离运动以及几内亚湾的海盗问题等。

诚然,上述问题均具有高度区域性特征,尼日利亚安全形势总体比较平稳,但不可否认的是,地区局势不稳定不仅给尼日利亚造成了大量人员伤亡和巨额财产损失,也给中国在尼日利亚的利益造成了现实和潜在的威胁,至今已发生多起中国公司员工、在尼华侨被绑架甚至遇害事件。此外,"博科圣地"已波及周边的喀麦隆、乍得、尼日尔和贝宁等国。2014年5月,中国公司在喀麦隆靠近尼日利亚边界的极北大区一处工地受到"博科圣地"袭击。2020年1月,4名中国船员遭尼日利亚海盗绑架,后在中方积极营救下才安全获释。在南部产油区尼日尔河三角洲,一些武装组织针对跨国石油公司对石油设施进行破坏并绑架石油工人,涉及多个在尼有石油业务的国家,也包括中国。此外,全球气候变化、移民问题、跨境有组织犯罪、商业诈骗、突发公共卫生事件等非传统安全问题也是"一带一路"建设不得不面对的挑战。

(二) 尼工业化发展中的弊端

中尼合作的一项重要内容是助推尼日利亚工业化

的发展，而尼日利亚只有吸取历史教训，其工业化进程才能稳步推进。尼日利亚于 1960 年独立后，为保证和巩固政治独立，历届政府对工业化投入不菲，制订了积极的工业化发展策略和四个国家发展计划（1962—1985），工业化成为政府头等大事。特别是在石油经济繁荣时期（1973—1981），由于资金充裕，工业化曾得到迅猛发展，尼日利亚一度位列世界富有国家第 13 位，成为一个地区强国和新兴工业化国家。遗憾的是，对一个拥有众多人口、自然资源特别是油气资源非常丰饶的国家，尼日利亚工业化历程却颇具悲剧色彩。① 2000 年，尼日利亚制造业占 GDP 的比重仅为 5% 左右，低于 1960 年独立时的水平，位居世界工业化水平最低的 20 国之列。② 何以至此，值得深思。

概言之，尼日利亚工业化的历史教训主要有以下四个方面：一是政局不稳导致国家发展计划停滞，工业规划无法执行，最典型的案例即 1966 年的两场政变及随后的内战（1967—1970），致使第一个国家发展计

---

① 参见李文刚《尼日利亚的现代化模式：石油资源支撑的"贫困"现代化》，载李安山主编《世界现代化历程：非洲卷》，江苏人民出版社 2013 年版，第 549—574 页。

② Charles Soludo, Osita Ogbu and Ha-Joon Chang, eds., *The Politics of Trade and Industrial Policy in Africa: Forced Consensus?*, Trenton, NJ: Africa World Press, Inc., 2003, p. 341.

划戛然而止，工业化陷入停滞；二是不同民族、地域和党派之间的利益争夺导致一些项目被迫搁浅，并滋生严重腐败问题；三是经济结构单一，过度依赖石油收入，具体表现为油价高时，资金充裕，大量项目仓促上马，浪费严重，而油价低时，财政捉襟见肘，出现许多烂尾工程，工业化陷入衰退；四是为了表面公平，大项目的落地选址没有尊重经济规律和市场条件，而是搞地区和民族"平衡"，导致一些核心工业项目如钢铁厂、炼油厂事先未作科学规划，甚至建在无矿无油地区，增加了成本，降低了效益。

现今，尼日利亚再次将工业化提上日程并希望加大与中国的合作，但尼过度依赖原油出口的不平衡发展模式以及工业化发展进程暴露出的问题，都对"一带一路"建设在尼推进提出了挑战，如资金短缺、债务风险、政策连续性问题、同质化竞争、非政府组织的腐败指控等。这些都需要中尼双方在投资过程中做好各方面的可行性调研，携手共同探索一条可持续工业化发展道路。

（三）非政府组织势力强大

非洲国家普遍具有活跃强大的非政府组织，尼日利亚尤为如此。尼日利亚人素有结社传统，无论是各民族、各宗教的原生非政府组织，还是各行各业的组织如工会、学联和行业协会，抑或是专注于环保、人权、民主、女性权益等的专业组织，影响皆不容小觑。此外，还有一些境外的人权、环保等非政府组织亦较为活跃。如何与各类非政府组织处理好关系，成为一个现实问题。学者王义桅曾指出，"一带一路"建设面临的挑战之一就是"非政府组织的威胁"，其抗议能导致项目停工，也可能被极端势力所利用，从而对"一带一路"项目的实施造成负面影响。[①] 随着中尼关系的发展，尼日利亚国内外对中资公司和中国人的关注度日益提高，特别是在信息技术大发展的自媒体时代，如果在"一带一路"建设推进过程中不了解当地社会、不尊重当地风俗习惯、不重视环保法规或用工规定等，中尼关系中的任何问题都可能在短时间被放大，并迅速成为非政府组织关注的焦点，容易对"一带一路"造成干扰。

（四）西方大国和新兴国家的竞争

尼日利亚是地区大国，无论是西方国家，还是新兴国家，都在不断加大对尼的重视和投入力度。英国

[①] 王义桅：《"一带一路"：机遇与挑战》，人民出版社2018年版，第115—116页。

是尼前宗主国，英国脱欧后更加需要加强与非洲国家的关系。2020年1月，英国主办了首届英国—非洲投资峰会。其间，英尼联手发布最新版《尼日利亚投资指南》，该指南还包括专门针对英国的政策。美国一直将尼日利亚视作其在非利益的"支点国家"和"战略优先国"之一，不仅向尼提供了大量援助，还通过《非洲增长与机会法案》增强与尼的关系。在英、美的尼日利亚侨民各有近100万人。[①] 法国将尼列为开展南北合作和提供援助的优先国家之一。尼日利亚的邻国均为法语国家，法国在尼安全事务中作用突出，曾主办过尼日利亚安全问题峰会。此外，德国通过德国—非洲论坛、日本通过始于1993年的东京非洲发展国际会议不断加强与非洲国家的关系，其中尼日利亚是其关注的重点。2019年10月，俄罗斯在索契举办首届俄非峰会，高调重返非洲。同为英联邦成员的印度在尼日利亚也有广泛的利益，印度已成为尼石油的最大买家，印非峰会是其提升与尼关系的一大抓手。因历史上的奴隶贸易，文化上与尼日利亚有千丝万缕联系的巴西与尼日利亚的关系也在快速发展。凭借其拥有1亿穆斯林人口、欧佩克成员国和伊

[①] 中国外交部：《尼日利亚国家概况》（2019年12月更新），https://www.fmprc.gov.cn/web/gjhdq_676201/gj_676203/fz_677316/1206_678356/1206x0_678358/。

斯兰合作组织成员国的身份，尼日利亚与中东国家的关系亦非常密切。从尼日利亚方面来看，奉行广泛结好的多元外交是其既定的外交政策，布哈里总统更是频繁出现在各种国际场合，出席了上述国家举办的各类高峰论坛。最近的两次是2019年10月的首届俄非峰会和2020年1月的首届英非投资峰会。在此背景下，中国在尼日利亚推进"一带一路"面临来自各方面的竞争是不可避免的。

上述背景下，中国在尼推进"一带一路"建设面临来自各方面的竞争：一是西方国家在尼非传统安全问题治理中占有明显优势，美国向尼出售先进武器，法国主办过尼安全问题峰会，英国帮助训练尼军队甚至派出特种兵参与尼人质解救行动。二是欧美公司在尼市场品牌占有率遥遥领先，尼投资促进委员会发布的最成功的外资公司中，建筑工程类只有中国土木上榜，信息通信类仅民企四达时代在列，而在能源资源、金融服务业、食品饮料、医药及制造业中，无一家中企上榜。[①] 如何将自身做强、提升品牌影响力，对中国公司来说任重道远。三是西方大国和新兴经济体强化与尼经贸关系的趋势更为明显，如英国2020年1月主办首届英国—非洲投资峰会期间与尼联手发

---

① Nigerian Investment Promotion Commission, *Nigeria Investment Guide*, January 2020, p. 11.

布了针对英国投资者的《尼日利亚投资指南》，俄罗斯 2019 年 10 月召开首届俄非峰会旨在提升俄在非的贸易和投资水平。面对各国的竞争，中尼合作如何提质增效值得深思。

五　中尼合作抗击新冠肺炎疫情

在当前新冠肺炎疫情全球大流行的背景下，中尼加强公共卫生领域的合作，把民众的生命安全和身体健康放在首位，合作抗疫，不仅是当务之急，也是构建中非更紧密命运共同体的应有之义和必然要求。

（一）尼日利亚疫情状况

2020年2月27日，尼日利亚报告首例新冠肺炎确诊病例，系在尼工作的意大利公民输入病例。这也是撒哈拉以南非洲地区的首个确诊病例。3月9日报告第二例确诊病例，为确诊的意大利输入病例的密切接触者，也是尼首个本土病例。随后尼境内新冠肺炎疫情呈不断蔓延趋势，7月29日，尼国内疫情达到高峰，当日新增确诊病例790例，累计确诊病例26878例，此后两个月的时间里每日新增确诊病例维持在500例上下。随着第一波疫情的逐渐平稳，在封锁措施导致的经济社会压力下，尼日利亚陆续恢复国内交通，并于9月全面恢复国际航班和学校教学。入冬以来，尼国内疫情出现反弹趋势，尼日利亚疾病控制中心（NCDC）数据显示，2020年11月7日，尼日利亚当日新增300例新冠肺炎确诊病例，达到自8月份以来的最高水平，截至11月9日，尼国内36个州和联邦首都区累计确诊病例达64336人，其中拉各斯确诊病例超过2.2万人，约占总感染人数的1/3，全国累计死亡病例1160人，为仅次于埃塞俄比亚、埃及、摩洛哥和南非的非洲第五疫情严重国家。同一天，尼日尔州州长萨尼·贝罗宣布其新冠病毒检测结果呈阳性，已经开始自我隔离，至此尼日利亚36个州中已经有8位州长感染新冠病毒，在此之前尼外交部部长奥尼亚马和移民局局长巴班德德都曾感染新冠病毒。尼日利亚疾控中心警告称，尼日利亚可能会经历第二波新冠肺炎疫情大流行，尼日利亚人必须继续遵守指定的协议和指导方针。

（二）尼政府积极应对疫情

2020年1月，当新冠肺炎疫情开始在全球蔓延之际，防止境外疫情输入成为尼日利亚政府应对新冠病毒做出的第一个反应。尼在五大国际机场加强检测。

单位：人

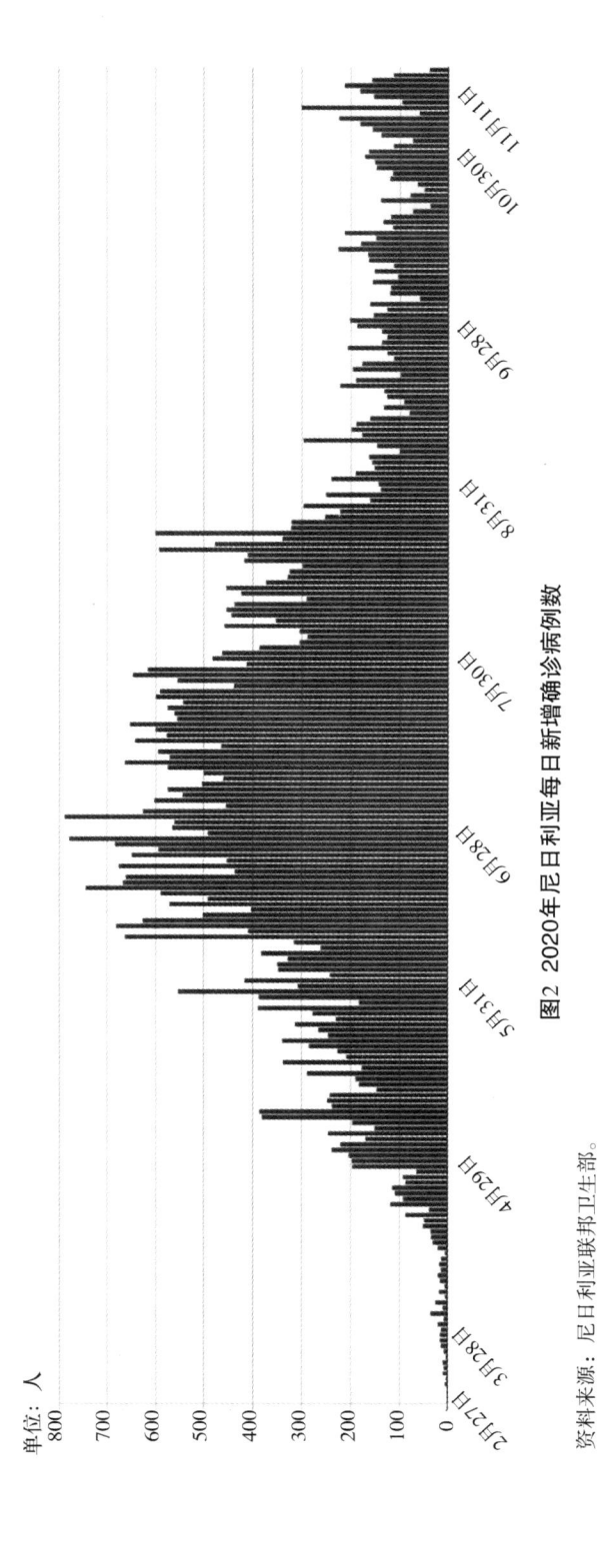

图2 2020年尼日利亚每日新增确诊病例数

资料来源：尼日利亚联邦卫生部。

尼疾控中心宣布成立新冠病毒小组，联邦政府成立新冠病毒预备小组。世界卫生组织将尼日利亚等13个非洲国家列为新冠病毒传播高风险国家之后，拉各斯州成立应急事件指挥机构，拉各斯国际机场加强对入境旅客的健康检查，培训当地医护人员，做好应对新型冠状病毒的准备。

2月27日，尼日利亚报告首例输入病例，尼疫情防控转入实战阶段。尼日利亚成立总统特别行动组，以应对疫情的蔓延。一些全国性的活动被延期。随着疫情的发展，防控措施逐步升级。国际机场关闭，铁路客运停运，陆地边境关闭、联邦执行委员会（内阁）会议取消，议会休会，一些州开始特定时段的封城。3月29日晚，布哈里总统宣布联邦政府应对新冠肺炎疫情的具体举措，所有捐赠物资和捐款都要协调和集中，确保使用效率，总统专门工作组是应对COVID-19的中央协调机构。尼政府表示将根据疫情的发展态势适时调整防疫措施。

3月28日，尼日利亚累计报告111例确诊病例，布哈里总统宣布封锁拉各斯、联邦首都区和奥贡州，上述地区的所有公民被要求待在家中，所有企业和办公室都应该完全关闭，以期控制新冠肺炎疫情蔓延，他还呼吁尼日利亚人团结起来，防止新冠病毒进一步传播。尼疾控中心努力排查6000名与感染者有过密切接触的可疑人员，以遏制新冠肺炎疫情的传播态势。布哈里政府的43名内阁成员捐出了他们半个月的工资用以抗击疫情，尼日利亚各界社会名流和企业积极捐款，齐心协力，抗击疫情蔓延。

5月4日，出于对社会稳定的全方位考虑，尼政府放松了对拉各斯、奥贡州和联邦首都区长达5个星期的封锁，取而代之的是晚8点到早6点的全国宵禁。尼日利亚政府还宣布了包括戴口罩和远离社交场所的强制性安全预防措施，并将限制36个州之间非必要的跨州往来。

6月6日，尼日利亚报告新增病例389例，累计确诊病例12233例，累计死亡病例342例。由于安全预防措施没有得到尼日利亚民众的全面执行，尼国内疫情转入社区传播阶段后确诊病例出现快速增长。但尼日利亚政府采取了积极应对的态度，启动了国家COVID-19大流行多部门应对计划，制定了加强监测、检测、隔离、接触者追踪、感染预防和控制、重症患者管理、风险沟通和社区参与、研究和应急准备、大规模护理安全和后勤、协调资源调动十大抗疫举措。联邦卫生部启动了最高级别的国家紧急行动中心，并通过部署国家快速反应小组与各州政府密切合作。在尼政府积极抗疫的举措下，尼单日新增确诊病例数停止了快速增长趋势，应对新冠肺炎疫情总统特别工作组宣布将宵禁时间由原来的晚8点到早6点调整为晚10点到早4点,并且放松了对宗教集会的限制。

7月,尼联邦政府开始陆续放松封城措施,在遵守所有COVID-19安全协议的前提下,允许跨州旅行和恢复国内航空旅行。根据尼联邦政府有关分阶段放松疫情管控措施的指令,尼日利亚逐步恢复了学校教学活动,并解除了对国际航班的限制。

自2020年2月27日第一例确诊病例公布以来,尼日利亚已经对687952人进行了核酸检测。面对第二波疫情,尼日利亚疾病控制中心已经向社会各界发出警告和呼吁,号召尼日利亚人民继续坚持包括戴口罩和保持社交距离等安全措施。

(三) 中尼携手抗疫意义深远

中国是世界上最大的发展中国家,尼日利亚是非洲最大的发展中国家。中尼携手抗疫不仅体现患难见真情的中非传统友谊,更是以实际行动践行构建更紧密的中非命运共同体。作为人口大国,中尼携手抗疫对全球疫情防控也具有重要意义。

(1) 尼坚定支持中国抗疫

2020年2月,中国疫情处于高峰期,在以习近平同志为核心的党中央的坚强领导下，中国采取了最全面、最严格的防控举措，很多举措远超《国际卫生条例》要求。这些对中国人民和世界人民生命健康高度负责的措施，却引发一些别有用心的国家的冷嘲热讽。尼日利亚等非洲友好国家坚定同中国站在一起，支持中国的抗疫努力。布哈里总统对中国战胜疫情充满信心并表示，中国战胜疫情只是时间问题。当美国等西方国家频频向中国和世卫组织发难，指责世卫组织的行为方式"以中国为中心"后，包括布哈里在内的多位非洲国家领导人纷纷在社交媒体上发声，坚定维护世卫组织在全球公共卫生安全领域的领导地位。2月12日，尼执政党全体进步大会党全国主席奥肖穆勒致函中联部，就抗击新冠肺炎疫情表达慰问和坚定支持。尼驻华大使夫人雅·扎赫拉·巴巴·吉达得知中国暴发疫情后，专程从非洲赶回北京，组织发起英联邦国家在京友人为中国人民抗击疫情提供支持，并于2月20日向中华慈善总会捐款人民币20万元，用于支援武汉雷神山、火神山医院。中国的抗疫工作也得到了尼国民大会参众两院、智库的支持。尼主流媒体还刊发多篇介绍中国抗疫进展的文章，支持中国抗疫行动。尼日利亚首都阿布贾的中学生还身穿中国传统舞蹈服饰，用标准的中文"中国加油，武汉加油"来表达对中国抗击疫情的坚定支持。布哈里总统夫人阿伊莎还在第一时间向习近平主席夫人彭丽媛致慰问信，表示尼日利亚将继续同中国坚定站在一起。包括尼国会众议院议长巴贾比亚米拉、外交部部长奥尼亚马、卫生部部长埃哈尼尔在内的政府官员也在第一时间向中方有关部门表达了支持和赞许。

6月17日，布哈里总统应邀出席了中非团结抗疫特别峰会，布哈里与其他非洲国家领导人一起高度评价了中国政府采取坚决果断措施阻遏疫情蔓延，本着公开、透明和负责任的态度及时向世界卫生组织及相关国家通报疫情信息，为全球抗疫赢得宝贵时间。尼国内主流媒体还刊发了多篇文章对甚嚣尘上的"索赔论""中国责任论"进行了驳斥。

（2）中国助力尼疫情防控

新冠肺炎疫情发生后，中国本着公开、透明和高度负责的精神，及时向世卫组织通报情况，与各国加强沟通，积极和国际社会分享经验。2020年2月2日，中国驻尼大使周平剑会见尼卫生部部长埃哈尼尔、尼卫生国务部部长马默拉等。2月4日，周平剑会见尼国家疾控中心主任伊科维祖。可以说，中国第一时间与尼方就疫情防控进行了沟通。中国驻尼使馆还每日向尼政府部门和媒体推送中国与国际社会共同抗击疫情的信息，并与媒体保持密切沟通，为媒体做好相关报道提供了权威翔实的素材。2月27日，尼出现首个确诊病例，中国的防疫经验对尼而言无疑具有重要借鉴意义。尼卫生部部长强调，尼方同中方保持着密切沟通，将采用中方提供的诊疗方案。尼疾控中心主任伊科维祖作为中国—世界卫生组织新冠肺炎联合专家考察组成员刚从中国回来，实地学到许多宝贵经验。中国驻尼使馆向尼卫生部、外交部捐赠防疫物资。周大使还在尼主流媒体刊文，详细介绍中国的抗疫经验。4月13日，中国政府援助尼政府的第一批抗击新冠肺炎疫情医疗物资运抵拉各斯。4月16日，中国政府援助尼政府的第二批医疗物资抵达阿布贾。两批援助包含医用防护服、KN95口罩、普通医用口罩、医用手套、鞋套和红外体温计等抗疫急需物资。7月15日，国家主席习近平夫人彭丽媛代表中国政府向尼日利亚捐赠的又一批抗疫物资抵达阿布贾，帮助尼人民特别是妇女、儿童和青少年等弱势群体抗击新冠肺炎疫情。无论是经验分享，还是物质援助，中国以实际行动诠释了患难见真情的中非友谊和负责任的大国担当。

（3）中资企业积极践行企业社会责任

在中尼携手抗疫的过程中，中资企业积极参与，这不仅是爱的奉献，也是特殊时期企业社会责任的一种体现。2020年4月8日，中国铁建赴尼防疫工作组抵达阿布贾。在尼期间，工作组将为中国铁建员工提供防疫指导和必要的紧急医疗救护，为侨胞提供咨询指导，并同尼方医疗团队分享防疫经验。尼疫情发生后，在尼中资企业、华人华侨严格遵守当地政府的防疫要求，并向陷入困境的尼民众提供援助。4月21日，随着拉各斯封城的延长，州内弱势群体急需救助。在拉各斯的华人华侨纷纷伸出援手，捐赠大米、方便面和意大利面，专门用于扶助弱势群体。4月30日，中资企业永星钢铁公司向所在地埃多州政府捐赠价值1.2亿奈拉的抗疫物资。5月1日，拉各斯中资企业协会向拉各斯州政府捐赠抗疫物资及善款，包括275包大米、1500瓶洗手液、8000个医用口罩、1000万奈拉的善款。中材国际、中国港湾、中海油、中国通信、中国土木等在尼中资企业参加了捐赠。5月6日，拉各斯华人企业家社区和奥贡—广东自贸区的中国企业向尼日利亚奥贡州政府捐款550万奈拉（约15278美元），支持尼日利亚抗击新冠肺炎疫情。5月11日，宗格鲁水电站项目部发起"携手抗疫、命运与共"捐赠活动，向尼日尔州捐赠了医用口罩5万个、N95口罩5000只、医用手套1000双、防护服300套、护目镜300付、电子红外测温仪100支。6月23日，尼日利亚中国总商会和武汉卓尔基金会向尼工业、贸易和投资部捐赠了医用口罩20万只、医用防护服5000套、热感应仪5台。阿里巴巴集团创始人马云向非洲联盟成员国捐赠三批医疗物资，这些物资通过埃塞俄比亚航空公司分发给包括尼日利亚在内的54个非洲国家。

在疫情防控过程中，中资企业不仅捐钱捐物，还用实际行动解决了尼方的燃眉之急。尼国内疫情暴发之初，联邦首都地区部长贝洛曾为如何尽快建立方舱医院、提升救治能力焦急万分，他来到中国土木，希望能够得到中方的帮助。面对尼方的求助，中国土木项目部留守人员立即转入改造工作，克服封城的困难，加班加点寻找物资，进行作业，仅用两周时间就将城铁综合维修大楼改造为拥有506个床位的依都方舱医院。① 5月，中国土木还顺利完成尼日利亚最大方舱医院今日剧院项目的改造作业，为尼日利亚抗疫提供了重要保障。

（4）排除干扰为中尼携手抗疫保驾护航

在中尼联手抗疫的过程中，也出现了一些杂音。比如，对一些在华非洲人不遵守广州当地政府防疫规定的歪曲报道"尼公民在广州受到不公正对待""5G传毒论"等。这些事件被不明真相或别有用心的人传播到互联网和社交媒体上，引发尼网民的极大关切，给中尼抗疫工作造成了严重干扰。中尼相关部门加强了交流和沟通，中尼智库、媒体纷纷发声，还原事实

---

① 参见人民日报《中国的帮助增强了我们抗疫信心》，http://paper.people.com.cn/rmrb/html/2020-08/12/nw.D110000renmrb_20200812_6-03.htm。

真相，有力地遏制住了这些杂音的消极影响，为中尼共同抗疫提供了良好的舆论环境。事实证明，中尼关系经受了风风雨雨的考验，中尼携手抗疫符合两国和两国人民的利益，绝不会被这些杂音所左右。

六　加强新时代中尼合作的政策建议

（一）以治国理政经验交流夯实政治互信

2021年是中尼建交50周年，双方可以以此为契机进一步加强政治互信。一是在保持高层互访良好态势的基础上，发挥政党外交的独特优势。近年来，尼政坛形成了类似两党制的政党格局，执政的全体进步大会党和最大反对党人民民主党在尼未来政坛的地位都举足轻重。可通过政党互访、高层对话会、专题理论研讨班等方式，加强与尼主要政党在国家治理现代化、反腐败、党建等方面的交流。二是加大立法司法合作与交流力度。中尼两国的立法机关和司法机构可通过人员互访、中非法律论坛、中非联合仲裁机制建设、中非法律人才研修班、非洲国家法官研修班、案例研究、司法协助和警务合作等方式，重点就反腐败、国际追赃追逃、打击跨境有组织犯罪、经贸纠纷、非法移民问题等展开交流与合作。此外，中尼地方政府可借助中非地方政府合作论坛，结合各自优势加强项目对接。

（二）以深化安全合作护航"一带一路"

中国和尼日利亚都面临非传统安全问题，中国在打击恐怖主义、去极端化、维护社会稳定方面积累了不少经验，得到了包括尼日利亚在内的多个国家的肯定。一是两国可进一步加强去极端化、构建和谐社会方面的经验交流。尼日利亚许多非传统安全问题，其实质是发展问题，中尼合作有助于促进尼日利亚经济社会的发展，创造就业，改善民生，进而从根本上改善尼日利亚的安全环境，提高其吸引外资的能力。二是加大国际海运安全合作力度。当前，几内亚湾海盗问题日益突出，其影响甚至超过索马里海盗。2018年，中国海军舰艇编队首次在几内亚湾进行反恐反海盗实战训练，中国海军在亚丁湾、索马里海域护航保护了国际海运安全，树立了中国负责任大国的形象。

在此基础上，中国可进一步加强同尼日利亚等几内亚湾国家在海上和平安全领域的合作，与各国联手应对几内亚湾海盗问题，保护该水域的安全。

（三）以优选合作方式助推可持续发展

2018年中非合作论坛北京峰会"八大行动"指出，加快推进工业化和农业现代化，是非洲国家加快经济转型发展的普遍诉求，也是非洲国家减少贫困，提高自主发展能力的重要途径。中国应利用自己的技术、资金和发展优势，结合尼日利亚的迫切需要，助推尼日利亚工业化发展。如前所述，尼日利亚工业化的道路并不顺畅。毋庸讳言，中国在工业化发展进程中也走过一些弯路，如违背自然和经济规律、环境污染等问题。中国与尼日利亚在产业合作方面也要对这段历史进行总结和反思。一方面，尼日利亚要努力创造经济发展所需要的稳定的国内环境，还要坚持推进经济多元化策略，建立完整的石化工业体系，而不是仅仅依赖原油出口，在制定经济政策时要有国家大局观。另一方面，中尼两国企业在合作时，对具体的项目，特别是一些大型项目要从立项、选址、环评、可持续发展等方面做好做实前期可行性研究，避免仓促上马。

鉴于自贸区、工业园在帮助尼日利亚创造就业岗位、进一步落实进口替代政策和加速工业化进程方面成效明显，且符合两国合作的共同期待，中尼两国地方政府可结合各自优势，加大该合作模式的力度。如2020年2月，翁多州政府和临沂市政府共建的工业园落成，布哈里总统亲临剪彩并予以高度评价。中国公司不仅在尼架桥修路，还需注意为当地培养人才，"授人以渔"以提升尼能力建设。2019年12月，中国土木承建的非洲第一所交通大学——尼日利亚交通大学破土动工，建成后将为尼铁路现代化项目培养专业人才。这是中企践行企业社会责任、支持尼自主可持续发展的重要举措。当然，中国的帮助是一方面，更重要的是尼日利亚要根据本国国情探索适合自己的工业化道路。这也是中国发展的一条基本经验。

（四）以拓宽人文交流促进"民心相通"

中国和尼日利亚进行人文交流的资源虽然非常丰富，但两国人文交流仍有较大提升空间。例如，尼日利亚拥有规模巨大的影视制作产业基础，但中国国内目前还基本看不到尼莱坞作品。两国影视工作者可以加强合作，将各自的优秀作品介绍给对方，增进两国民众的理解。一是加强在小语种人才培养方面的合作。从国内现状看，尼三大民族语言中，豪萨语人才已有一定规模，但约鲁巴语、伊博语人才奇缺，在师资匮乏的情况下，可引进尼教师来华任教或直接派学生去尼学习。二是拓展在医疗卫生领域的合作。中国虽在尼日利亚没有派遣援非医疗队，但两国在医疗领域的交流同样不能缺席。新冠肺炎疫情暴发后，中尼两国相互支持，共同抗疫，尼驻华大使夫人组织英联邦国家在京友人向武汉捐款，体现了患难见真情的中非情谊。中国有效控制疫情的做法为包括尼在内的所有国家提供了借鉴，中尼可进一步加强有关流行病预防、科研攻关等方面的合作，以更好地服务中非民众生命健康。三是加大在保护生物多样性方面的合作力度。中国已全面禁止非法野生动物交易和食用野生动物，有助于进一步保护生物多样性。中国生物多样性保护与绿色发展基金会同尼相关部门合作，保护濒危物种穿山甲的理念和做法值得推广，中尼可携起手将"一带一路"建设成为生态环保的绿色之路。

2019年4月，作为提升中非人文交流重要举措的中国非洲研究院成立，习近平主席专门发了贺信并寄予厚望。中尼两国学者和智库要利用好这一重要平台讲好中国故事，讲好尼日利亚故事，讲好中尼合作的故事。此外，中国在尼公司应更好地履行企业社会责任，中国涉非民间组织应加大同尼日利亚相关组织的交流与合作，这对于提升中国的软实力、促进"民心相通"大有裨益。

（五）以开放合作心态对待各方竞争

随着非洲发展步伐的加快和各国越来越重视或重返这块充满希望的大陆，中国在非洲推进"一带一路"所面临的竞争与日俱增。这是一个普遍现象和常态，只不过在尼日利亚这样的地区大国中更加突出罢了。中国应保持战略定力，发挥自己的优势，扬长补短，化竞争为动力和机遇。同时，中国要以大国和开放合作的心态来看待他国的竞争。中国与非洲合作最大的优势在于中国"真实亲诚"的对非政策和正确的义利观。这是中非关系的真实写照，无论风云变幻，只会历久弥坚。习近平主席提出的中非命运共同体为中非关系大发展指明了方向。中国与非洲国家同属发展中国家，面临更为相同或类似的发展问题，政策沟通也更为通畅。中国的优势技术和设备更加符合非洲国家的实际需要，中非合作成果更加接地气。此外，20年前，中国与非洲国家创造性地建立了中非合作论坛这一平台，已成为引领国际对非合作的一面旗帜，不少国家纷纷效仿。总之，中尼、中非共建"一带一路"，并不是要排斥其他国家参与其中；相反，中国欢迎更多的国家加入"一带一路"建设，因为这是一个开放的国际发展倡议。

结论 以"一带一路"建设为抓手推动中尼友好合作迈上新台阶

在中尼双方的共同努力下,尼日利亚的自身优势将在"一带一路"建设中得到更好发挥,推动社会经济的可持续发展,并最终惠及更多民众。习近平主席在中非合作论坛北京峰会上提出,"我们愿同非洲人民心往一处想、劲往一处使,共筑更加紧密的中非命运共同体,为推动构建人类命运共同体树立典范"①。作为亚洲和非洲人口最多的两个国家,中尼两国在"一带一路"框架下的合作有望为中非合作和全球对非合作产生更明显的示范效应,为共铸更紧密的中非命运共同体、推动构建人类命运共同体贡献更大力量。

2021年1月4—9日,国务委员兼外长王毅相继访

---

① 习近平:《携手共命运 同心促发展》,《人民日报》2018年9月4日第2版。

问尼日利亚、刚果（金）、博茨瓦纳、坦桑尼亚和塞舌尔非洲五国，延续了中国外长自1991年起新年出访首选非洲国家的传统。在新冠肺炎疫情仍在全球多地肆虐、非洲遭受第二波疫情冲击的严峻形势下，王毅外长的访问体现了中非关系的历久弥新和患难见真情的情谊，体现了"真实亲诚"的理念。此次王毅外长的非洲五国之行，第一站选择尼日利亚，可谓意味深长。

尼日利亚是非洲人口第一大国和最大经济体，在西非地区的和平安全中发挥着重要作用，在中国对非外交中始终占据重要位置。用尼日利亚外长奥尼亚马的话说，王毅外长选择尼日利亚作为访问非洲的第一站，这并不是巧合，而是深思熟虑的结果，显示了中国对中尼关系的重视。当前，受新冠肺炎疫情和国际油价下跌的双重打击，尼经济社会发展出现较大困难，民生问题非常突出。2020年10月中旬，尼日利亚爆发了因反对警察暴力执法引发的社会骚乱，其深层次的原因就是贫困、失业问题严重，社会问题积重难返。如今，尼第二波疫情袭来，疫情防控形势非常严峻。在这样的大背景下，王毅外长访非第一站选择了尼日利亚，体现出中尼是患难之交的真朋友，两国关系有着坚实的基础。

王毅外长访问尼日利亚时间虽短，但日程满满，成果丰硕。王毅外长同奥尼亚马外长举行了会谈，共同会见了记者，还拜会了布哈里总统。两国外长经过深入交流，达成了七点重要共识，主要包括：继续加强抗疫合作，直至彻底战胜疫情；建立两国外长牵头的政府间委员会；深化双方共建"一带一路"；助力尼工业化进程；打造数字经济、绿色经济新亮点；深入开展军事安全合作；密切国际地区事务协作，践行多边主义。可以说，王毅外长访尼非常成功，亮点精彩纷呈，取得了重要成果，将为中尼关系注入强大活力。

2021年是中国和尼日利亚建交50周年。50年来，中尼关系发展顺利，这得益于双方的相互理解、相互信任、相互支持。特别是双方在涉及彼此核心利益问题上的相互支持。中国和尼日利亚都是发展中国家的大国。大国就应该有大国的风范、大国的担当和大国的定力。中尼应以建交50周年为契机，落实好中尼两国外长达成的"七点共识"，携手创造中尼关系更加美好的未来，将中尼关系打造成中非关系和南南合作的典范。

参考文献

Okorie Chimaobi：《尼日利亚视角下的尼中关系》，硕士学位论文，厦门大学，2014年。

邓文科：《1999年以来的尼日利亚"非洲中心"外交研究》，硕士学位论文，浙江师范大学，2015年。

黄娜：《奥巴桑乔与尼日利亚的民族国家构建》，硕士学位论文，福建师范大学，2010年。

黄子桐：《中国与尼日利亚贸易合作的竞争性与互补性研究》，《中国经贸导刊》（理论版）2017年第17期。

李慧勤：《论中国对尼日利亚的能源外交》，硕士学位论文，湘潭大学，2012年。

李静：《英国在尼日利亚殖民统治的特点》，硕士学位论文，云南师范大学，2007年。

李文刚：《美国对尼日利亚的政策》，《西亚非洲》2002年第6期。

李文刚：《尼日利亚的现代化模式：石油资源支撑的

"贫困"现代化》，载李安山主编《世界现代化历程：非洲卷》，江苏人民出版社2013年版。

李珍：《阿齐克韦的政治实践及其思想研究》，硕士学位论文，云南大学，2017年。

刘畅：《论印度与尼日利亚石油合作现状及前景》，硕士学位论文，外交学院，2013年。

罗建波：《尼日利亚的外交战略》，《西亚非洲》2000年第6期。

聂文娟：《尼日利亚"美强中弱"的外交格局》，《江南社会学院学报》2017年第19期。

钱榆圭、李起陵：《尼日利亚》，《西亚非洲》1983年第3期。

［尼日利亚］托因·法罗拉：《尼日利亚的风俗与文化》，方之译，民主与建设出版社2018年版。

王义桅：《"一带一路"：机遇与挑战》，人民出版社2016年版。

［尼日利亚］维克托·恩瓦奥齐奇·戚本杜：《尼日利亚外交政策（1961—2002）》，周平等译，世界知识出版社2005年版。

鄢虎：《习近平强国战略思想研究》，《法制博览》2019年第19期。

杨忠远：《尼日利亚外交决策中的总统因素分析》，硕士学位论文，外交学院，2015年。

郑宪:《尼日利亚在全球化中的两难处境》,《西亚非洲》2003 年第 3 期。

中华人民共和国外交部:《毛泽东外交文选》,中央文献出版社 1994 年版。

周玉渊:《南非与尼日利亚关系:从合作到竞争》,《西亚非洲》2015 年第 1 期。

卓振伟:《从非洲协调进程看尼日利亚与南非的地区领导权之争》,《国际关系研究》2017 年第 3 期。

Remi Britto (2003), *Nigeria and the Commonwealth: Reflections and Projections*, Lagos: Lagos State University Press.

Charles Soludo, Osita Ogbu and Ha-Joon Chang, eds., (2003), *The Politics of Trade and Industrial Policy in Africa: Forced Consensus?*, Trenton, NJ: Africa World Press.

Tom Forrest, (1995), *Politics and Economic Development in Nigeria*, Boulder: Westview Press.

李文刚，男，中国社会科学院西亚非洲研究所民族宗教研究室主任、副研究员。1972年生于陕西陇县。1995年获西北大学文博学院历史学学士学位。1998年获南开大学历史学硕士学位。1998年进入中国社会科学院西亚非洲研究所工作。2007年获北京大学国际关系学院国际政治专业法学博士学位。2009年，在爱丁堡大学社会与政治学院非洲研究中心做访问学者。从事非洲研究工作以来，参加多项合作研究课题，如撒哈拉以南非洲地区的宗教与政治、非洲民族问题研究、非洲列国志、世界现代化进程非洲卷、非洲黄皮书、中东非洲国家民间社会研究和中国在非洲的软实力建设等项目。主要的研究领域包括：尼日利亚国别研究、中国与尼日利亚关系、非洲伊斯兰教等问题。

闵方正，男，中国社会科学院大学西亚非洲研究系硕士生。1997年生于江西南昌。2015年获江西财经大学应用经济学学士学位。攻读研究生以来，参加了多项科研活动，如主持负责国家级大学生创业创新训练课题，参与撰写《中国政治大百科全书》（第三版），主要兴趣方向包括：非洲政治，中国和非洲关系。

郑军，男，中国人民大学企业管理硕士。中国土木工程集团有限公司（简称"中国土木"，CCECC）

首席国际商务专家兼中土研究院院长。中国国际投资促进会境外合作区专家委员会委员。曾在尼日利亚、阿尔及利亚、埃塞俄比亚等非洲国家常驻近10年。1999—2002年，担任中土尼日利亚有限公司副总经理、阿久巴（AJUBA）尼日利亚有限公司董事总经理等职；2010—2016年任中非莱基投资有限公司董事总经理，负责尼日利亚莱基自贸区的投资开发招商管理等工作。多年致力于"一带一路"倡议、中非经贸合作以及助推中国企业"走出去"的实践与研究。独立完成的《走进非洲的投资热土——莱基自贸区》获《国际工程与劳务》杂志社"三峡杯"专题征文三等奖；参与研究的《中央企业海外形象建设研究》获中国铁建2017—2018年度优秀政研成果一等奖，《促进中非合作的跨国电气化铁路"投建营"一体化管理》获第二十七届全国企业管理现代化创新成果（2020年）二等奖；参与编写《助力非洲工业化——中非合作工业园探索》（中国商务出版社2019年版）。